Pompierul

În umbra Lunei

Arhi Ametcea

Published by Arhi Ametcea, 2023.

While every precaution has been taken in the preparation of this book, the publisher assumes no responsibility for errors or omissions, or for damages resulting from the use of the information contained herein.

POMPIERUL

First edition. June 8, 2023.

Copyright © 2023 Arhi Ametcea.

ISBN: 979-8223357261

Written by Arhi Ametcea.

Cuprins

Pentru Luna.

Prolog[1]

Aștept să scriu cartea aceasta de foarte mulți ani. Și nici chiar acum, când scriu primele litere, nu știu dacă o voi termina. Sau dacă, pur și simplu, o voi scrie vreodată. Dar scriu aceste rânduri ca să nu uit, când voi fi mai mare decât Garcia Marquez, de unde a pornit totul.

Așa că această carte e scrisă ÎN PRIMUL RÂND pentru Geani. Niciodată nu am apucat să îi spun că nu am meritat atât de mult și întotdeauna voi trăi cu regretul că odată, demult, am lăsat plângând, într-un colț de stradă, o fată mică și negricioasă.

Celălalt motiv este prietenul meu Marius Palcu, pompierul ucis în permisie de către poliția română, pompier a cărui singură vină a fost că era îmbrăcat în uniformă într-un moment în care polițiștii din capitală căutau o uniformă verde.

Și poate și pentru Majorul Cristi Fugaciu, care, fără să știe, a făcut bărbat din turcul său favorit.

Nu în ultimul rând, scriu lucrurile astea pentru că acum sunt liniștit. În umbra Lunei.

---

1. http://cetin.ro/pompierul/?p=6

Cine nu face armata, nu e bărbat

Cumva la un moment dat, s-a încetățenit în mintea populației adulte din România că, dacă nu faci armata, nu ești bărbat. Bărbat de ăla adevărat, bărbatul care, dacă calcă greșit și îi cade căciula, și-o ridică, o scutură de praf și merge mai departe. Bărbatul vasluian care, când dă cu pumnul în masă, zăngăne cerceii de la gâtul amantei din celălalt sat. Urmașul lui Nilă Moromete, frate cu Achim, văr primar cu bulă.

Ghinionul meu în viață a fost că am avut părinți. Nu, serios, eu am avut părinți pentru că maică-mea a vrut ca fi-su să aibă tată, după ce tatăl meu genetic s-a risipit în pulberile universului, plecând la nevasta și copiii legitimi. Prin urmare m-am ales cu un tată pe care nu l-am vrut niciodată și care mi-a futut toată viața, copilăria, adolescența, visele și mai tot ce ar putea avea un om în cap și în suflet de-a lungul timpului.

Sigur, acum, după 40 de ani, e simplu să spui că a trecut, asta e, să iertăm și să mergem mai departe. Desigur, iertăm, dar nu uităm. Pentru că tipul era un om simplu, cu dorințe simple și orizonturi simpliste, și-a impus vederile și asupra celor din jurul tău. De asta am ajuns să fac un liceu CFR pe care l-am urât din tot sufletul. Pentru că era CFR, prin urmare aveai loc de muncă asigurat și, dacă aveai noroc, CFR-ul îți dădea și casă.

ARHI AMETCEA

Din pácate pentru aspiraţiile economice ale familiei mele, am fost cel care a terminat liceul fix în promoţia care nu a mai primit casă de la CFR şi nici nu a mai fost angajat la grămadă în cadrul sistemului. Doamne fereşte să mă plâng de asta, ar fi culmea, acum aş fi fost un elegant electrician vagoane şi locomotive, prietenul nostru cărunt care merge prin gară şi schimbă siguranţe, becuri, baterii sau dă uşor, calm, elegant, cu ciocanul în roţile trenurilor, ca să audă dacă nu au vreo fisură.

Asta, coroborat cu un bacalaureat luat la apelul bocancilor, a indus în cadrul familial ideea principială că de fapt mi-am cam ratat viaţa, la toţi cei 19 ani pe care îi aveam în 1993, când am terminat liceul. Bacalaureatul luat la apelul bocancilor a fost chiar lejer haios.

Pentru că, în liceu, nu am învăţat o boabă. Niciodată. Caracterizat fiind de toţi profesorii drept brânză bună în burduf de câine, de la o vârstă foarte mică am ales, din toată inteligenţa, să mă folosesc de lene. Leneş am fost toată viaţa şi voi muri leneş. Bine, măcar nu sunt ignorant, dar asta e altceva. Prin urmare, am trecut liceul doar cu ce prindeam în clasă, la orele la care mai mergeam. Serios, nici nu ştiu cum e să înveţi, în facultate am trecut la fel, iar examenele unde nu ştiam, adică matematicile, le treceam cu 50 de euro palmaţi delicat profesorului.

Aşa că, la bac ştiam că voi face oarecum mediocru, nu mă vedeam trecând cu mai mult de 8. Soluţia a fost simplă, hai să dau bacul la sport. Deşi, repet, eram foarte leneş. M-am bazat că, începând din clasa a 11 a, am mers aproape zilnic la sala de sport RATB, unde domnul instructor de Wu-Shu Ioana Florin încerca să ne înveţe cum e cu bătaia şi cu exerciţiile fizice. Aveam ceva condiție fizică, eram și tinerel, sexul încă nu începuse să fie o problemă, fiind practic inexistent, tentativele de până atunci nefiind chiar niște reușite monumentale, mereu am avut impresia că scenariștii de la American Pie s-au inspirat din viața mea.

Partea proastă e că am realizat chiar la bac cât de mult contează echipamentul în viața unui sportiv. Nefăcând parte chiar din cea mai bogată familie din Vitan, aveam pe mine o pereche de pantaloni de trening Sergio Tacchini, din fâș de cea mai bună calitate, în care transpiram ca un purceluș fraged în cuptor și în picioare o pereche de espadrile ieftine, luate din piața de la Castani, de lângă Big Berceni. Toate noi, că doar nu te duci la bac cu chestii folosite pe tine.

Judecată greșită, din toate punctele de vedere, după cum s-a demonstrat. Espadrilele aveau talpă din carton dur, care nu se flexa nici de-o culoare, iar treningul era larg în talie. Pe vremea aceea eram EXTREM de slăbuț, credeau toți că am tenie sau ceva, eventual că am avut rude la Auschwitz, iar țoalele stăteau pe mine ca pe gardul cooperativei.

Îmi aduc aminte cum eram eu un cocoșel uscățiv, cu cioc, gât subțire, urechi mari, ochi ieșiți din cap ca la melc, care aleargă proba de rezistență ținându-și brăcinarii cu o mână, respirând cu alta și cu ultima mână încercând să îndese cartonul din talpa espadrilelor, care carton se rupsese elegant după primii 400 de metri, lăsându-mi degetele cu o șosetă lejer ruptă să respire, în sfârșit, aerul proaspăt de pe stadionul Tineretului. Am ajuns al 11 lea din 14 concurenți, crăcănat de oboseala, cu sânge ieșind dintr-unul din degetele zdrelite în zgura întărită, pantalonii în vine, vinele în călcăie și călcâiele în gât.

ARHI AMETCEA

Lejer tristuț, pentru că această performanță mi-a adus binemeritata notă de 7 la proba sportivă. împreună cu o performanță mai puțin reușită la Istorie, am reușit să iau sub 8 la bacalaureat, nu spun exact cât, cert e că mi s-a părut o performanță mizerabilă. La fel și familiei, care a avut grijă să îmi sublinieze rateul și faptul că mi s-a prezis că aici voi ajunge. Sămânță rea, ce poți să ceri la un copil ieșit dintr-un tătar, nu?

19 ani. Ai terminat liceul, cam fără brio, nu știi să faci nimic, McDonalds încă nu era în România, au venit de abia în 1995, când am participat la spargerea geamurilor de la deschidere, sperând să prind și eu un cheeseburger gratis, prin urmare, ce să faci, unde să te angajezi? Bucureștiul nu prea era cel mai potrivit loc pentru locuri de muncă, în acea perioadă. Iar joburi de piarizdă, jurnalizdă sau alte zdă-uri care abundă azi pe străzi și simulează un loc de muncă real încă nu se inventaseră.

Desigur, acasă mi se tot bătea apropoul că ar trebui să mă duc să fiu bărbat și să fac naibii armata aia, așa cum trebuie să facă orice bărbat care se respectă. Logic, mă tenta să fac armata cum îl tentează pe mujahedin să sară în aer peste rând, deci am zis pas. Nu costa mult, un cartuș de kent și o sticlă de "coniac" Napoleon și pac, deveneai brusc incompatibil cu armata încă 6 luni. Nu doresc ninănui să fi băut vreodată coniac de ăla. Dar avea o etichetă foarte sexy, cred că adjutantului de la Comisariatul Militar de pe strada Vulturilor îi plăcea mai mult asta. În mod sigur și el o dădea cuiva mai departe, nu pot să cred că îl satisfăcea poșirca aia.

Venea vara fierbinte, vara în care trebuia să învăț pentru admiterea la facultate.

POMPIERUL

Logic că şi la facultate m-am dus să dau examen la sfatul alor mei. *Du-te maică la drept, că avocaţii trăiesc bine şi au bani, e viaţă bună.* Sincer să fiu, nici măcar o secundă nu mi-a trecut prin cap să pun în discuţie această opţiune. La urma urmei, o facultate ca oricare alta.

Am plecat toată vara la ţară, cică să învăţ. Doar că, acum realizez, e posibil să fi lovit, pentru prima dată, nesupunerea filială. Pentru că toată vara nu am făcut nimic decât să îi mănânc gemul de zmeură al mătuşii la care stăteam şi să citesc până mi se făcea capul cât bostanul. Mătuşă-mea era profesoară la şcoala din Corlăteni, satul botoşănean unde ajunsesem, aşa că aveam acces nelimitat la biblioteca şcolii. Vai, cât am putut să citesc... Ajunsesem să fac inclusiv antrenamente de citire rapidă, in diagonală, în calupuri de patru, de la dreapta la stânga, de jos în sus, de memorare, tot tacâmul de plictiseală posibilă.

Am intrat la drept. Pentru că ştiam gramatică, desigur. După care am plecat de la drept. Nu am apucat să termin nici măcar un an. Nu aveam bani, nu munceam nicăieri, familia mă ajuta cu prezenţa şi cu ocazionale fredonări ale melodiei *Why dont you get a job*, a lui Offspring. So, fuck the job, fuck the sistem, hai să găsim un loc de muncă.

Loc de muncă pe care l-am găsit la chioşcul lui Nicorici, de lângă patiseria de la Bobocica. Nicorici era tipul care adusese vestiţii creveţi vietnamezi în România, pe vremea răposatului lider luminat. Din bănuţii strânşi cu sudoare importurilor, şi-a deschis un chişculeţ mic, în scara blocului, chioşc unde vindea ness, ţigări, biscuiţei, baterii, tampoane şi alte obiecte de igienă feminină. Eram 3 *vânzătoare*, incluzându-mă şi pe mine, cea mai *nouă* dintre ele, singurul fără niciun fel de experienţă comercială.

ARHI AMETCEA

Iar asta a fost ghinionul meu la Nicorici. Pentru că Nicorici făcea inventarul chioșcului la fiecare schimb de tură. Iar cele două colege furau de rupeau pământul în două, de fiecare dată când mă schimbau. Eu, fraierul, nici nu mă gândeam măcar la furturi. După prima lună, aveam deja de plată vreo două salarii către patron. A doua lună nu m-a mai prins pe poziții, devenea deja păgubos, că nici mâncare nu aveam să îmi cumpăr, îmi aducea nevasta lui Nicorici, când i se făcea milă de mine, văzându-mă că îmi venea să leșin din picioare. Am plecat practic acoperit de rușine, cu eticheta de hoț. *Nicorici, tati, dacă vreodată o să citești asta, să știi că viperele alea te furau ca pe câmp, dar tu erai prea ocupat să li te uiți în decolteu. Ai meritat ce ai pățit, să știi.* Bine, nu a pățit mare lucru, a închis taraba destul de rapid, nu ținea pasul cu hoațele lui.

Iarăși fără muncă, iarăși fără bani. Iarăși ușoare fredonări de la frate-miu *Lala Why dont you get a job.* Iarăși mă priveam în oglindă și vedeam doar un ratat fără viitor și, mai rău, fără trecut. Iarăși mi se sugera că poate e momentul să devin bărbat și să mă duc naibii să fac armata.

La un moment dat vine o vecină la mama și îi zice că fi-su, mecanic de plicuri, are un loc de muncă pentru mine, dacă tot am liceu de mecanică, înseamnă că ceva ceva tot știu eu.

Știam pe naiba. Cel mai mult eram în stare să schimb un bec, dar și atunci îmi era frică de curent. Ce să fac, m-am dus. Nu era chiar ce visam eu, dar în lipsă de altceva, puteam îmbrăca și o salopetă.

POMPIERUL

A fost miștocuță viața de mecanic de plicuri. Nu neapărat din punct de vedere profesional, nu mi-a ajutat niciodată în viață faptul că știam pașii unei came duble dar, de exmplu, am învățat să beau o sticlă de Sankt Petersburg lemon în doar 8 ore și să nu se prindă nimeni. Lemon pentru că nu miroseai a alcool, nu din cauză că mi-ar fi plăcut mie mult amestecul. Iar fiul vecinei mi-a rămas prieten și acum, după 20 de ani și mă salut cu plăcere cu el, de fiecare dată când ne vedem.

De la plicuri am plecat pentru că am primit o ofertă mai bună de la RTC, care tocmai își deschidea propria fabrică de plicuri. Un inginer de acolo, parcă Roșu îl chema, a venit la Romkuvert, unde mă desfășuram eu și mi-a făcut o propunere exorbitantă. Salariul triplu față de ce primeam acolo. În 1995, salariul mediu pe economie era vreo 150 000 de lei vechi. Eu aveam puțin peste 300 000 salariu. Iar RTC îmi oferea 900 000. Bani pe care unii oameni, de aceeași factură cu mine, nici măcar nu și-i puteau imagina. Din nefericire pentru mine, la RTC am rezistat doar câteva luni, pentru că am făcut o boacănă destul de mare, stricând niște piese scumpuțe, așa că ne-am despărțit în mod amiabil, decât să plătesc din buzunar niște cuțite diamantate care costau salariul meu pe câțiva ani.

Nu îmi pare rău de perioada asta. Chiar a fost bună pentru mine, am cunoscut mulți oameni, m-am întărit, am devenit mult mai cu picioarele pe pământ, deveneam, în sfârșit, vasluianul în fața căruia tremură cerceii nevesti-sii. Care nevastă potențială în acel moment se numea Geani. Sau Geanina.

ARHI AMETCEA

Geani era un înger de fată. Genul acela ținut în casă cu forța de mamă, ca nu cumva să ajungă bărbații la ea. Frumosă, doamne ce frumoasă era. Ceva gen 1.60, niște sâni superbi, tari, cu sfârcuri ca niște cireșe, un păr lung până mai jos de fund și frumoasă. Tare frumoasă. Nu îmi venea să cred că stă cu mine și nici nu prea înțelegeam ce vede la mine. De urât nu eram prea frumos, slab ca un gard, fără niciun leu în buzunar, aveam toate calitățile posibile. Și totuși, zi de zi, Geani era cu mine, la bine și la greu, împărțind cu mine un biscuite, dacă nu aveam ce să mâncăm, bând împreună un suc la 0.25 cald sau plimbându-ne kilometri pe jos, pentru că nu aveam bani de autobuz. Geani a fost omul, sau femeia, care m-a modelat complet și m-a transformat în cel ce sunt acum.

După ce am terminat cu RTC, am luat decizia care a umplut de bucurie tot apartamentul 59. Plec în armată. Aveam ceva bani puși de-o parte, ca să mituiesc plutonierul de la comisariat să mă dea în București și să pot mânca o conservă de carne o dată pe săptămână, mă simțeam pregătit să iau taurul de coarne.

Am luat taurul de coarne, dar l-am luat puțin cam prost. Pentru că atunci când am fost și mi-am negociat repartizarea în București, nu am negociat și UNDE să mă duc în București. Așa că am ajuns cumva cam cum nu voiam.

Recrutarea

Centrul zonal de recrutare din Vitan era un fel de sită pentru băieții cu bani. Da, cine nu face armata nu e bărbat. Se poate adăuga că nu e bărbat, e bărbat cu bani. Din analizele mele, pe vremea respectivă făceau armata timizii, care nu știau să întrebe dacă pot fi rezolvați cu o amânare sau cei care erau trimiși forțat de părinți, cumva, într-un fel, situația mea. Da, adevărat, nimeni nu mi-a zis *Marș la armată*, dar când ți se spune toată ziua că ești un untermensch din cauză că nu ai un serviciu stabil și armata făcută, e ca și cum ți s-ar spune.

Când am intrat, la 7.30 dimineața, pe poarta centrului, cea mai mare hărmălaie ce era acolo. Băieți, bărbați, oameni de toate tipurile și clasele sociale se înghesuiau pe lângă garduri, vorbind tare și încercând să pară siguri pe ei. Se fuma cu mare patos, se vorbea în gura mare, se râdea strident, expansiv și exhibiționist, fiecare încercând să pară mai mare, mai dur, mai curajos.

– I-am făcut pe ăștia ani de zile, era unul din ei foarte vocal. Mă duc acum că na, am 27 de ani, cât să o mai amân, că nici cu dungă roșie pe buletin nu vreau să rămân. Bă, vă zic eu, o să mai auziți de Vlădescu în viața asta.

– Tu Vlădescu, eu Vlad, e posibil să fim rude, mai știi? comentă mucalit un puștiulică de 1.60 metri, care rezema o margine mai mică de gard.

Vlădescu probabil avea cu vreo 30 de centimetri mai mult, iar pulpa lui era mai groasă decît mijlocul fratelui de circumstanță.

ARHI AMETCEA

Am trecut de ei, mergând destul de apăsat direct spre biroul plutonierului meu, cel care mă scăpa de armată până acum. Destul de stresat, duceam același plocon ca de fiecare dată, cartușul de țigări și sticla de Napoleon, gândindu-mă că poate de data asta e puțin și mă trezesc dat unde se agață harta în cui.

Una din terorile tuturor celor noi încorporați era să nu ajungă acolo unde se agață harta în cui. Probabil niciunul dintre ei nu înțelegea unde e acel loc înfiorător unde nu vor să ajungă bucureștenii și toți presupuneau că ar fi vorba de Sighetul Marmației. Eu fiind mai tipicar, am căutat pe hartă cam unde ar veni mijlocul hărții, prin urmare mi-a ieșit că ar fi vorba de localitățile Moldova-Sulița sau Cârlibaba. Nu suna prea înfiorător, plus că erau moldoveni de-ai mei, nu? Ulterior am aflat că da, e vorba de sighet, unde bucureștenii sunt primiți cu cea mai mare bucurie, fiind toată perioada celor 12 luni ultimii oameni din unitate, curățind WCuri și în dimineața zilei de liberare. Nu știu, posibil să fie doar zvonuri.

– Să trăiți, dom' plutonier, am venit!

– Ia zi, bă turcaflețule, ce vrei? Te mai sărim șase luni?

– Nu, dom' plutonier, vreau să fac armata!

– Hai du-te bă d-acilea, da' ce-ți veni, ești bolnav, vrei îngrijiri medicale moakă, ce ai?

– Nu, dar știți, vreau să termin cu căcatul ăsta, să nu mă mai streseze tot timpul.

– Bă Amtecea, sau cum dracu îți spune, ascultă aici un bătrân. Încorporarea asta obligatorie nu o să mai țină mult. Mai ai răbdare, că nu știi de unde sare iepurele și scapi.

POMPIERUL

Pe dracu, mintea mea era la cartofi, în perioada aia. *Ăsta nu vrea să plec, ca să îi dau șpagă, are nevoie de țigări, futu-i pe mă-sa de bișnițar.* Din nefericire, așa sunt eu construit, să nu am încredere în nimeni, niciodată. Țin minte că același lucru l-am făcut în clasa a 7 a, când profesorul de lucru manual a făcut tragere la sorți pentru șeful clasei. Fiind mic și simpatic, când am ajuns la catedră, mi-a împins ușor un bilet spre mine, făcându-mi cu ochiul. DOar că eu am considerat că vrea să mă păcălească, așa că l-am ignorat și am luat alt bilet, desigur, necâștigător. Șeful clasei a fost Tăbăraș, colegul nesuferit, care a venit după mine și a luat biletul pe care l-am refuzat eu.

– Nu, dom' plutonier, vreau să fac armata, să mă întorc și eu dracului bărbat, am zis eu, făcându-i cu ochiul șmecherește.

– Bine, turcule, să te facem bărbat atunci. Ia hai până dincolo, la nen-tu adjutantu.

Dincolo, în încăperea cealaltă, un alt plutonier, dar cu o tresă în plus, bătea de zor la o mașină de scris, în stilul un deget. Stilul un deget înseamnă ținutul degetului arătător extrem de drept, în timp ce ochii îți litera dorită pe tastatură, nu mai mult de 5-6 secunde, după care, când litera e găsită, degetul anterior menționat apasă victorios, se ridică, se moaie în gură după care trece la următoarea literă. Îl ajuta foarte mult la scris faptul că avea un nas cât tot capul Horn, care ghida degetul spre tastă cu precizia unui ceas elvențian.

– Ia zi, Tararache, cine-i tovarășul și ce dorește.

– Șefu, tovarășu' direște să plece în armată și, după ce are în punguța aia de un leu, cred că ar vrea să îl repartizați în București.

– Ia zi, bă țâcă, vrei să-ți aperi țara, chiar și cu prețul vieții, a?

ARHI AMETCEA

– Ăăăă...

– Taci că s-a udat puţin, băi, Rache. Da' tu ce credeai, bă băiete, că la ce foloseşte armata asta, doar ca să ai unde să pleci de acasă? Tu nu ai auzit că se pregăteşte de un război cu ruşii?

Cred că mă albisem puţin. Păi pula mea, eu venisem să fac o formalitate, să nu mă mai frece la cap ai mei, nu să mă duc să omor ruşi. Ce căcat mi-au făcut mie ruşii, de trebuie să mă duc la război? Şi am şi platfus şi ochelari!

– Dacă trebuie, apărăm, asta e! – am zis, alb şi plin de mândrie.

– Ahem, da, se vede, când ieşi, vezi că e buda pe stânga, să te ştergi dracului la cur de eroism. Hai, tunde-o, lasă drojdeaua din plasă aici, te cheamă ăştia să îţi dea repartiţia mai încolo.

Am ieşit afară şi mi-am aprins repede o ţigară, ca să evacuez eroismul maxim din mine şi să îmi liniştesc tremurul de eroism al mâinilor. Ca scuză, la vârsta aia ai prea puţin contact cu moartea ca să nu te sperie simpla ei menţionare în viaţa ta. Oricum am detestat întotdeauna ideea de a fi prezent în preajma morţii, de aceea nici nu am frecventat marile înmormântări din familie.

Am tras câteva fumuri, după care m-am îndreptat şi eu spre grupul Vlazilor de mai-nainte, unde în continuare se vorbea gros şi se râdea de toată lumea.

– Ia zi bă, hăhăia Vlădescu cel mare, cam câte femei ai futut tu până acum?

Destinatarul întrebărilor, un puşti micuţ, blond, se uita de jos în sus la Vlădescu, scărpinându-se într-o ureche.

– ăă 1, 2...ăăă, stai. Cu tot cu doamna Vlădescu senior sau fără?

POMPIERUL

– Cu tot cu...stai, ce pula mea zici tu, care doamna Vlădescu? Zici de mama sau de nevastă-mea.

– De care vrei tu, că le fut pe rând, nu e problemă.

Am crezut că îi sar ochii din cap matahalei. S-a făcut roşu şi exoftalmic, a început să pufnească taurin pe nări, gata să îl strivească pe micuţ dintr-un pumn. Sau dintr-o palmă, că părea milostiv.

– Stai, nu te agita, îi zise blondinul. Suntem la comisariat, nu vrei să te ia ăstia la ochi. Mai glumim şi noi, îţi dai seama că nu mi-aş permite să le fut pe doamnele Vlădescu.

După care se întoarse pe călcâie şi plecă spre gardul unde eram eu rezemat. Exoftalmicul nu a mai apucat să audă şoapta din mers a piticului:

– Doar le dau muie...

Ajuns lângă mine, mi-a întins mâna să se recomande:

– Salut, sunt Teo.

– Noroc, Cetin.

– Cetin? Interesant nume, de unde vine?

– Din Turcia, cred, taică-miu e tătar.

– Şi ştii ce înseamnă?

Prin clasa a 12 a decisesem că e cazul să găsesc o traducere pentru numele meu. Eu habar nu am de limba turcă, tătară sau alte chestii mongoloido-panonico-ungrice. Român get beget, cu mamă moldoveancă şi tată relativ, tot timpul primeam întrebarea Dar ce înseamnă Cetin? Aşa că am decis să îi găsesc eu o traducere. Virilul. Cum mă întreba vreo gagicuţă în depeşoteca de la Petofi Sandor ce înseamnă numele meu, cu ZBANG, o loveam intrinsec cu un Virilul şoptit adânc, uşor răguşit, însoţit de o privire bovină pe care eu o credeam sexy şi plină de promisiuni.

– Înseamnă Viril, dar nu sunt foarte sigur.

– Dap, cred că asta înseamnă. Mie mi se spune Aripioară, pentru că sunt mic și mă poate lua vântul, dacă bate prea tare. Adevărul e că Aripioară fusesc construit cumva de către un Dumnezeu foarte zgârcit. Mic de statură, cu un nas ascuțit în formă de lamă de kindjal, o aluniță mare în colțul gurii care acoperea niște dințișori mici ca de viezure, continuat cu un gât lung și subțire ce susținea un piept stors și scofâlcit, când mergea era fix ca și cum bătea vântul. Mai era și lejer crăcănat.

Brusc, în ușa comisariatului a ieșit un sergent, răcnind din toți rărunchii:

– Recruții pentru iunie, adunarea în fața mea!

Lent, au să se ia țigări din gură, să se îndrepte coloane, ușooor, ușooor, ostentativ, de genul *știți, noi suntem aici pentru o formalitate, ar trebui să fiți mai politicos.*

– Mișcă-te, soldat, futu-ți crucea și grijania mă-tii, că nu ești la mă-ta acasă, să se roage cineva de tine să te ștergi la cur. Dacă până număr la 5 nu sunteți toți aici, direct la Sighet plecați, TOȚI!

Știți cum rămâne un nor de praf în forma lui Roadrunner când fuge de Willy E. Coyote? Așa a rămas în locurile ocupate cu o secundă înainte de grupurile vesele. Brusc, a început să se simtă ușurelul pumn de fier al armatei cum se strânge, fără mănușa de catifea, care se pierduse undeva pe drum.

– Ababei!

– Prezent!

– Jandarmi, Băneasa, spor la înotat.

– Abăluță!

– Eu!

– nu Eu, că nu am păscut vacile amândoi, bă, lighioană!

POMPIERUL

– Prezent!

– Aşea. Tu te duci la tancuri, la Măgurele, te văd bine în turelă.

– Ametcea!

– Prezent, să trăiţi!

– Ho cu tata, eroule, că te verşi. Fiindcă eşti tu aşa focos, o să mergi la pompieri. Serveşti patria?

– Servesc... am zis cu jumătate de gură, mi-am luat fiţuica pe care scria locul, data şi ora unde trebuia să mă prezint, după care m-am rezemat de gard. Futu-i pe mă-sa, tocmai la foc mă trimite? Ce căcatde treabă am eu cu focul, că eu îmi ard degetele şi dacă aprind aragazul.

– Ia zi turcule, pompieri? se aşeză lângă mine, Aripioară, blonduţul cu chef de glume.

– Mdea, pompieri, în pula mea, cu norocul vieţii mele.

– Lasă, Ismaile, zi bogdaproste că eşti în Bucureşti, uite la Vlad ăla micu, pe el l-au dat la Sighet, la vânătorii de capre şi pe frati-su la noi, la pompieri.

Vlad, cel de care ziceam eu că e geamăn cu Vlădescu, de fapt avea un frate cu el. Fratele lui geamăn. Vlad era brunet, cu părul negru şi frumuşel, fratele, Sandu, era blond, creţ, uşor chel şi urât cu clăbuci. Pe lângă asta, avea un tic scârbos, îşi rodea carnea de lângă unghii. Mâinile lui arătau tot timpul ca nişte răni vii, infectate cu diverse bacterii. Stăteau amândoi într-un colţ şi bombăneau încet unul la celălalt.

– Mergi la o bere? mă întrebă Aripioară.

– Neah, am prea mult sictir. Haidi, ne-om vedea la încorporare. Hai liba!

– Bă turcule, se auzi din spate un răcnet, care liba bă turcule? Tu vrei liberare şi încă nu ai foaia de drum bine în mână? Tu ai zamă-n cap, mă copchile?

Am plecat, nici nu m-am mai uitat înapoi. Aveam chef de discuţii filozofice cu plutonieri din armată cum aş fi avut chef să fac sex torid cu un cactus. Trebuia să mă duc acasă, să le dau vestea bună celor ce mă iubeau ca sarea-n ochi, după care trebuia să merg să îi dau vestea şi Geaninei.

Geanina habar nu avea unde eram eu şi ce făceam. Urmau vremuri interesante...

Cum să îi spui iubitei că pleci pentru un an

Geanina era prietena mea un an. De fapt, ne știam de când ea avea 16 ani și eu 19, dar luasem un an de pauză dintr-un motiv tâmpit. Ea avea părul extrem de lung, practic îi trecea de fund, iar mie nu îmi plăcea deloc asta. Pur și simplu îl uram din tot sufletul, mai ales pentru că, din cauză de lungime, îl ținea mai tot timpul prins într-o coadă uriașă. Și, fiind mic și tâmpit, mi-era cam rușine să ies cu ea pe stradă. Bine, a contat mult în decizia mea și faptul că nu voia să facă încă sex, spre deosebire de mine, care voiam. De fapt, la vârsta aceea, dacă are puls, respiră și seamănă a om, nu contează, o bagi, femeie să se numească. Desigur, aceste trăsături se transmit și la maturitate când, dacă ai nevoie, ai nevoie, nu te mai uiți. Îmi aduc aminte aproape cu durere de un moment greu al vieții mele, când nu aveam prietenă stabilă, prin urmare nici relații sexuale de niciun fel, cu nimeni care să posede puls, respirație, vagin sau măcar orificiu natural, așa că mi-am aranjat un blind date printr-o prietenă.

ARHI AMETCEA

Teoretic, suna frumos. Tipa era asistentă medicală, din pozele profil pe care mi le arătase, era frumuşică, teoretic înaltă, ce să zici, părea că iată, în momente de mizerie, dumnezeu e alături de tine şi îţi pune mâna în cap. Sau femeia în pat, depinde de circumstanţă. Femeia din pat era dintr-un oraş ceva aproape de Bucureşti, nu mai ştiu exact numele. Şi nici cum se numea nu mai ştiu, deşi de multe ori am încercat să îmi aduc aminte numele ei.

Aşa că am aşteptat blind date-ul până când a venit în Bucureşti, cu ceva conferinţă. Cazată la hotel Ibis, suna bine de tot, aveam şi loc, nu trebuia să o duc pe teren propriu, unde vasele erau nespălate de o lună, de ajunsese să mi se pară că se mişcă ceva dubios prin chiuvetă. Am terminat programul, undeva aproape de ora 10 seara, pentru că aşa se munceşte la corporaţie, după care mi-am mişcat Damasul spre Ibisul de la gară. Am cumpărat flori, plin de emoţie, ciocolată Rafaello, ca eleganţii, o sticlă de vin de Busuioacă (pe atunci rafinamentul meu nu era chiar până la cer, nivelul unde este acum) şi hai să sun la uşa camerei. Sau să bat, pentru că la hotel nu au sonerie.

Bat, îmi deschide ea. Să îi spunem Andra, deşi sigur nu o chema aşa, dar e mai uşor de povestit. Deci tati, surpriză, în penumbra camerei, fata arăta chiar normal. Îmbrăcată lejer, într-un halat semitransparent, părul lung şi roşcat, buze pline, sânii mari şi puternici, fără sutien, totul arăta la modul corect şi gata de împreunare.

– Bună, sunt Cetin, prietenul Mădălinei.

POMPIERUL

Mădălina era prietena care îmi aranjase blind date-ul, practic vinovată pentru lipsa mea de sex din ultima perioada. Pentru că deşi în ultimele luni îmi asigurase satisfacerea nevoilor respective, la modul aproape profesionist, am aflat că simultan satisfăcea aceleaşi nevoi şi şefului ei de la muncă, şef cu care fusese în Bulgaria la o "conferinţă" de profil. Din nefericire pentru mine, se pare că şeful a fost primordial.

Acum, sincer, dacă stau să mă gândesc, Mădălina era genul de femeie îndeajuns de toantă să îmi povestească despre pula prietenului ei de dinaintea mea, care pulă era extrem de mare, pentru că o lua cu două mâini şi mai rămânea o grămadă de băgat în gură. Aşa că da, pornisem în relaţia aia cu un handicap mare cât o pulă de ţaran din Urziceni.

Ceea ce mă aduce la subiectul acestei digresiuni de la subiectul principal. Cum ziceam, Andra era foarte sexy şi futabilă, deci eram hotărât să fac impresie bună, pe termen lung. Vremurile erau secetoase, femeile deciseseră să mă ocolească, nevoile erau mari, sau na, în fine, medii. După ce ne-am pupat, mi-a scăpat mâna pe fundul ei, nu a comentat, deci era clar că în seara asta scap de problemă, am fugit la baie cu intenţia de a mă masturba decisiv, ca să fac o bună impresie la capitolul rezistenţă. E greu să mai faci bună impresie dacă te scapi în mâna ei, după două secunde de iubire înfocată.

Zis şi făcut. După 10 secunde, uşurat şi plin de perspectivă, am pornit năvalnic spre ea. Am luat-o în braţele mele puternice, am aruncat-o în pat, după care m-am aruncat alături. Moment în care am blestemat din tot sufletul penumbra de veioză din camera de la Ibis. Din cauză că şi ea, în sfârşit, a luat iniţiativa şi mi-a pus mâna pe normalul meu organ sexual. Şi am văzut că avea nişte mâini de docher din portul Constanţa.

Nu, serios, nu glumesc, știu și eu bancul cu *Nu iubito, nu e ea mică, ai tu mâinile mari*. Chiar avea niște mâini uriașe, cu degete uriașe. Serios, deci când mi-a pus mâna pe organ, pur și simplu m-am simțit emasculat, mi-am dus mâna alături de a ei, ca să mă asigur că tot eu sunt și că nu am trăit într-o minciună perpetuă până atunci.

E foarte greu să performezi la cele mai înalte culmi, atunci când tu ești vai mama ta, mic și înfrigurat, în niște mâini de Ghiță Mureșan? Este îngrozitor, nu greu. Deși ea, sărmana, era perfect constituită altfel, nimic ieșit din comun ca mărime, ba chiar și foarte strâmtă, nimic nu a mai fost în regulă. În plus, era și a naibii de timidă, a trebuit să mă rog de ea să continuăm să facem sex, după ce avusese orgasm. Pentru că gemuse foarte tare și acum se rușinase de manifestările ei. Și, nu, nu asta a fost tot. Când am aprins lumina, surpriză, sânge. În gândul meu *Whattafuck, nu mi-a zis că e pe ciclu?*

– Andra, tu ești pe ciclu? Nu de alta, dar ar fi fost drăguț să îmi spui înainte de a-ți face sex oral.

– Nu Cetin, iartă-mă, mi-a fost rușine să îți spun, dar pentru mine a fost prima oară când am făcut asta.

Și a izbucnit în niște bocete de numa numa, ținându-și fețișoara aia mică și frumoasă în palmele alea de haiduc oltean, în care se pierdeau cu tot cu cap. Nu am reușit să o potolesc în vreun fel, a plâns încontinuu până am plecat, ușor debusolat, ușor trist, dar mai mult ușurat. Puțin îngrijorat totuși, pentru că, din experiența mea cu femeile care își cedează virginitatea, scapi foarte greu de ele, pentru că au impresia că o cedează pe viață și că tu ești omul providențial, care le va iubi forever and ever.

POMPIERUL

Nu am mai auzit niciodată de Andra. Din fericire. Sau din păcate. Nu știu. Sper din tot sufletul ca undeva, acolo, prin Giurgiu sau Galați, de unde era ea, să fie fericită și iubită de un tip care o merită și care să aibe palme de tractorist cel puțin. Și să le iasă numai băieți.

Geanina era prietena mea oficială, toată lumea o recunoștea astfel, inclusiv maică-sa, care m-a urât până în ultimul moment al relației noastre, inclusiv mama, care nu o suferea nici cu o lingură de apă. Mama, fiind clasica mamă de băiat, nu suferea pe nimeni, nicio fată nu i se părea suficient de bună pentru odorul ei. Iar când a auzit-o într-o zi pe Geani cum povestește despre cum avea bunicul ei un cercel de aur în ureche, gata, se tăiase tot:

– Mi-ai adus țigancă acasă? Îmi intră mie pe ușă o țigancă? Așa rușine să fie în neamul nostru, încât băiatul meu umblă cu o țigancă?

Normal, m-a durut în cur de problemele ei cu naționalitățile conlocuitoare. Și, în paranteză fie spus, bunicul Geaninei nu era țigan, ci doar un tip extrem de liber și libertin, pentru vremurile în care trăise.

Deci Cetine, cum să îi zici prietenei că pleci în armată? Tot drumul de la comisariat până la ea acasă am răsucit chestia asta pe toate părțile. Nu de alta, dar ne făcusem planuri împreună, cum o să mergem amândoi la facultate (Politehnică, mulțumescu-ți ție doamne, că am urât matematica din tot sufletul, nu știu cum treceam peste cei cinci ani regulamentari), cum ne angajăm și ne luăm casă cu chirie. Ea chiar se angajase, lucra la un McDonalds, iar pentru vremea aceea, salariul era mai mult decât decent, oricum avea mai mulți bani decât mine.

Am sunat la ușă cu moartea în suflet. Deschide fata și, când mă vede, se albește:

– Ce s-a întâmplat, ți-e rău, ce e cu tine?

Eh, acela a fost momentul în care toate planurile mele s-au dus naibii și nu am mai ținut minte nimic. Așa că am dat-o în mod direct:

– Nu s-a întâmplat nimic, am fost la comisariatul militar, în iunie plec în armată.

S-a lăsat o tăcere neagră. Multe minute. Eu nu știam ce să zic, ea se uita în gol, gândindu-se la dumnezeu știe ce chestii.

– Și ce o să facem, Cetin? Cum o să trecem amândoi peste un an de despărțire? Un an este, nu, nu un an jumate?

– Un an, dar nu o să ne despărțim, pentru că sunt repartizat în București...

– Știi tu sigur că nu o să ne despărțim?

– Da, o să vii la mine și...

– Idiotule, dar dacă EU o să mă despart de tine? Cum poți fi sigur?

Iată o opțiune la care nu mă gândisem. Eram atât de sigur întotdeauna de ea, încât pur și simplu nu am luat în calcul nicio secundă că aș putea-o pierde în acel an de armată.

– Hai, du-te acasă, vreau să fiu singură.

– O să te sun di...

– Nu, nu mă suna, te sun eu dacă e nevoie.

Cred că o săptămână nu am mai vorbit. Am încercat să o sun, nu îmi răspundea, sau îmi răspundea Garofița, cotoroanța de maică-să, care îmi transmitea plină de satisfacție că fie-sa nu e acasă și că ora e cam nepotrivită să o deranjez. Zi de zi.

În sfârșit, după o săptămână, sună telefonul:

– Hai să ne întâlnim pe stadion.

POMPIERUL

Locul copilăriei mele a fost în Vitan, lângă stadionul Olimpia. La momentul acela stadion de rugby, era folosit pentru ieșit la iarbă verde de toți copiii din cartier și din împrejurimi. Foarte serios, terenul acela a dat țării mai mulți sportivi atunci, când nu se ocupa nimeni de el, decât acum, când e o bază sportivă foarte scumpă, unde nu merge nici dracu. De fapt, pe stadion am cunoscut-o pe Geani. Eu eram la tras mâța de coadă și mamelit gagici sub gradene, iar ea făcea exerciții de Wu-Shu, fiind practicantă ferventă și ceva campioană la sportul respectiv. Dacă închid ochii, o văd și acum, îmbrăcată în colanți negri, cu o bluziță mulată pe sânii de 16 ani, explodând de sexualitate și dorință. Însoțită, desigur, de zgripțuroaica de mă-sa. De fapt, dacă mă gândesc, când închid ochii, mai degrabă o văd pe cotoroanță.

Ne-am întâlnit pe stadion, sus pe deal, pe iarbă. Venise îmbrăcată într-o rochiță scurtă, neagra cu picățele albe și un tricou alb, care îi accentua tenul măsliniu și palid.

– Cetin, m-am gândit mult la noi.

– Și eu...

– Taci, nu deschide iarăși gura.

Am tăcut, ce naiba să fac.

– Nu știu dacă o să meargă chestia asta. Nu știu dacă te iubesc suficient de mult ca să pot să îmi pierd un an din viață așteptându-te. Nu știu dacă meriți să pierd un an din viață să te aștept să termini prostia aia.

Începuse bine. Cumva, mi se făcuse brusc totul greu în mine și mă uitam aiurea pe cer, sperând să găsesc o soluție în avioanele cu reacție ce își lăsau urmele pe el. Undeva prin spate, de la barul de peste șosea, cânta Coco Jambo. Niciodată nu am suferit melodia asta.

– Dar o să încerc. Fără niciun fel de promisiune sau garanție. O să vin la tine de fiecare dată când se va putea și voi face totul ca relația asta să meargă. Dar Cetin, dacă nu o să mai vin, să știi că nu a mers. Să nu mă cauți, să nu încerci să repari și să îți aduci aminte că suntem unde suntem din cauza ta.

Habar nu aveam ce să spun. Mă uitam prostit la ea, nu știam dacă ce a zis e în regulă, dacă să mă bucur, dacă să mă îngrijorez. S-a ridicat și a plecat fără să îmi spună un cuvânt, târșâindu-și tenișii din picioare, în timp ce fustița se mișca ușor, în ritmul pașilor. Da, țin minte detaliile astea și le consider importante. Întotdeauna mintea tânjește după omul drag ce pleacă și nu îl mai bagă în seamă pe același om, atunci când e cu tine.

Dacă ne futem, cine ține câinele?

Pentru mine, problema cu sexul e ceva important dintotdeauna. O singură dată în viață am avut o perioadă lungă, de câteva luni, în care nu am avut niciun fel de relație sexuală și mi-am jurat în barbă ca lucrul ăsta să nu se mai întâmple vreodată.

Desigur, pe vremea aceea încă nu aveam sintetizate toate ideile acestea. Și, deși pare greu de crezut, chiar îmi iubeam prietena și, în felul meu ciudat, o respectam. Dar cumva organismul meu cerea și alte nevoi de la mine și, la urma urmei, suntem doar oameni și suntem conduși de instinct. Da, dacă lucrurile s-ar fi întâmplat acum, probabil aș fi făcut cu totul alte alegeri. Dar acum sunt și cu totul alt om, cu mult mai multe lovituri, cu mult mai multă experiență.

De asta, perspectiva de a pleca pentru un an, neștiind ce se va întâmpla cu mine (pentru că întotdeauna am luat în calcul doar sexul heterosexual, cu excepția unor scurte perioade în liceu, când nu știam exact ce e cu mine. Psihologul meu zice că e în regulă), nu îmi plăcea deloc. Așa că trebuia să rezolv problema cât mai repede. Și rezolvarea a venit sub numele și chipul Tarei.

ARHI AMETCEA

Tara era o fată care poate fi caracterizată printr-un singur cuvânt. Grăsuță. Serios, grăsuță e cuvântul care o descria cel mai bine posibil. Pentru că nu era genul acela de grasă care să se despăturească când e goală, ci era doar ușor peste denumirea de plinuță. Prin urmare, putea să se îmbrace cu chestii negre, extrem de mulate, care să îi strângă cât mai mult grăsimea în exces.

Și, dumnezeule, asta făcea. Se îmbrăca tot timpul numai în negru, cu un sacou negru care pleznea pe ea și o fustă la fel de neagră, lungă până în pământ, ușor mulată pe picioare. Știu că pare atractiv în descriere, dar nu era chiar așa de atractivă. Mai ales când îmi puneam mintea la contribuție și încercam să îmi imaginez slănina de sub ele, se ducea naibii orice fel de poezie.

În paranteză fie spus, de când mă știu eu ca bărbat, am o problemă cu forma organului sexual feminin. Știu, pare de râs, dar nu este. La femeile grase, labiile mari se îngrașă și ele și își măresc dimensiunile (ce frumos ar fi și dacă pula ar face la fel, nu?), ascunzând clitorisul sub o grămăjoară păroasă de slănină. Mi se pare una din cele mai scârboase imagini posibile și repet, cu siguranță sunt heterosexual.

Așa mi-o imaginam eu pe Tara, pe sub deux pieceul ei negru. Cu o chestie mare și umflată, eventual plină de păr roșu și creț, cum era părul ei din cap. Și deși era singura chestie de sex feminin fără brațetă din gașcă, nu aveam nici cel mai mic chef să mă îndrept spre ea. Din nefericire pentru mine, sau poate din fericire, s-a îndreptat ea spre mine, împreună cu cățeaua ei, complet nesuferită și ea. Nu mai știu cum o chema pe chestia aia zdrențuită, putem să îi spunem Getuța.

POMPIERUL

Că mi-am adus aminte de Getuţa. Pe cea mai urâţică fată din clasa mea de la liceu o chema Getuţa. Era din Ploieşti, uşor ţigancă, uşor ciampalie şi se dădea cu un ruj roz atât de hidos, de părea că a înflorit aurora boreală pe ea. Şi da, Getuţa a fost prietena mea câteva săptămâni. Pentru că na, Getuţa era foarte liberă la gură şi, pe lângă asta, îi plăcea să i se umple gura cu diverse chestii, de preferinţă cărnoase. Şi în liceu nu refuzi niciodată o muie, asta e clar pentru oricine.

Din păcate, am scăpat-o pe Getuţa din mână destul de rapid. Nu am suferit, sincer, prea mult, pentru că, dumnezeule, urâtă era. Mi-a şutit-o colegul Stan, gigoloul clasei, care avea 1.60, dar avea mustaţă şi părul lung la spate şi peste jumătatea urechii, cum era moda în liceul CFR în 2012. Plecau împreună cu trenul la Ploieşti şi aşa au croşetat o aventură, din aproape în aproape. Sper că a rămas cu ea şi au acum mulţi ţigănuşi cu botul roz şi pitici.

Tara o scotea pe Getuţa la plimbare în fiecare seară, pe stadion, pentru că Getuţa nu se putea căca decât în iarba stadionului, altfel nu dormea bine seara. Aşa că Tara, care stătea pe Râmnicu-Sărat, venea cam un kilometru pe jos, ca să se cace javra. Nu zic că era neapărat ceva rău, avea ceva slăninuţă de dat jos, dar compensa mâncând crănţănele pe drum, să nu se plictisească în timpul mersului.

Desigur, în acea perioadă, eram un fel de erou al grupului. Singurul dintre noi care se dusese să se ceară să plece în armată. Adrian, singurul din grup care era de vîrsta mea, nu reuşea să priceapă cum pot să fiu de acord să mă tund. Bine, având părul până la fund, era şi normal ca ăsta să fie singurul său gând. Că dacă se duce în armată, o să îi taie părul.

Aşa că, fiind erou, uşor bărbat şi cumva singur, pentru că Geani nu venea niciodată pe stadion, Tara a simţit nevoia irezistibilă să se apropie de mine, să îmi consoleze sufletul zbuciumat. Sau na, poate voia şi ea pe cineva care s-o futã, mi-e cel puţin asta mi-a spus, iar eu am asimilat. Nu am înţeles niciodată de ce femeile m-au considerat întotdeauna ca pe un rebel cu suflet zbuciumat, pentru că eu să mor dacă am vreun zbucium sufletesc. Despre erou, nu ştiu, vedem mai încolo care e definiţia cuvântului erou şi dacă are aplicabilitate în viaţa de zi cu zi.

– Cetin, de ce ai ales să pleci? Ce s-a întâmplat? Ce e în sufletul tău, de unde suferinţa asta şi nevoia de a te rupe de oameni, de noi, de prietenii tăi? Explică-mi, vreau să te înţeleg mai bine.

Stăteam aşa, privind în sinele meu şi încercam să mă gândesc la ceva chestii inteligente de debitat, pentru că eu de fapt nu mă simţeam deloc suferind, deloc zbuciumat, doar mi-era lejer frică de ce se va întâmpla şi de ce o să mă aştepte dincolo, în lumea bărbaţilor care muşcă borduri cu dinţii.

– Tara, nu vreau să vorbesc despre asta. Cui i-ar folosi? Pe cine ajută spasmele sufletului meu? Hai mai bine să vorbim despre tine, despre noi, despre ziua de azi şi poate, cine ştie, ziua de mâine.

Vă spun cu mâna pe inimă că am auzit-o pe Tara cum îşi udă chiloţii de emoţie. Adevărul e că păream aşa de bărbat, aşa de puternic şi de decis, încât m-aş fi futut singur, dacă era. DIntr-o dată, atmosfera din jurul nostrul devenise încărcată de electricitatea pe care o emana Tara, care a simţit brusc, probabil, că a găsit bărbatul căruia să i se dăruiască direct, brutal şi carnal, pentru câteva momente de pasiune.

POMPIERUL

M-a luat de mână, m-a sărutat și m-a tras spre întunericul stadionului,

– Hai să ne plimbăm puțin, simt nevoia să respirăm niște aer curat.

Ea, de fapt, voia să ajungem la gradenele din partea opusă a stadionului. Ceea ce în mintea mea denota că nu era prima oară când simțise că se încarcă cu electricitate statică, atunci când a găsit un bărbat de calibru căruia să i se dăruiască. Ce să zic, cu dumnezeu înainte. Așa că am luat-o la picior, la plimbare. Săraca Tara, abia se ținea în rând cu mine, ea având fustița aia strâmtă până la glezne, făcea niște pași de gheișă, drăguți de altfel, dar complet inestetici când te grăbești să ajungi undeva, prin iarbă.

La gradene, întuneric beznă, așa cum trebuie pentru o noapte de iubire. Sau câteva minute. Ne-am așezat pe un lemn de ăla, de fapt eu, iar ea s-a așezat cu greu, din cauza fustei care nu voia nici de-a dracului să se îndoaie, la mine în brațe. Sărutări delicate sau mai puțin delicate, mâinile mele pe țâțele ei, mâinile ei pe burta mea, pentru că ea, fiind mică, nu avea cum să ajungă din poziția aia cu mâinile între picioarele mele decât dacă se apleca și nu se putea apleca, pentru că o strângea sacoul, iar dacă își desfăcea sacoul, nu cred că o mai puteam eu cuprinde cu brațele.

Desigur, totul condimentat cu *Getuța, stai aici! Getuțaaaaa! Hai, Getuța, hai la mami!* Pentru că Tara nu avea lesă la jigodie, cățeaua umbla după ea liberă. Și pe întuneric, îi era cam frică să o lase așa liberă. Destul de enervant, dar la urma urmei, eu aveam cu totul alte ocupații decât să mă interesez binele câinelui.

Mno, după vreo 20 de minute de nioțcăială, hai să trecem la fapte. Între timp ne dădusem cumva jos de pe gradenă, în focul iubirii, ca să ajungă și ea cu mânuțele alea mici pe ici și colo, în locurile importante și esențiale. Am remarcat cu interes că a putut să îmi desfacă fermoarul de la blugi cu o singură mână, lucru bun, în opinia mea, pentru că însemna că nu e primul fermoar desfăcut pe acolo. Da, nu mă gândeam deloc la metode de protecție, nu mă interesa. Deh, începuturile vieții nu.

Bun, deja îmi făcusem un plan de bătaie, cum să facem. Pentru că aveam nevoie de un plan, fata era chiar mică de înălțime, iar eu nu aveam niciun chef să mă tăvălesc părin iarbă, nu de alta, dar la câți câini se plimbau pe acolo, șansele să mă tăvălesc, pe întuneric, într-un căcat, erau foarte mari. Așa că plănuiam să o pun în genunchi, pe gradenă, ca să ajungă cu fundul la înălțimea mea, după care să dezlănțuim focul pasiunii.

Aici a intervenit prima dintre probleme. Pentru că am încercat să îi ridic, ca omul, fusta. Lucru complet imposibil, pentru că fusta era strânsă exact pe forma corpului ei grăsunel. Și nu aveai cum să o ridici mai sus de gambe nicicum. Ok, nu e problemă, lasă că o dăm jos. De unde, frățioare, să o dai jos, pentru că nu trecea deloc de șolduri. Hai să o desfacem. Desfacem pe dracu, că fermoarul era prins cu un ac de siguranță. Absolut normal, ce nasture să reziste la presiunea aia?

– Lasă că o desfac eu, râse ea, ușor stânjenită.

Nu e problemă, desfă-o, numai desfă-o odată, mârâia mintea mea. Se apucă Tara, desface acul, lasă cumva fusta mai jos, rămânând doar cu niște chiloți cu ață, după care:

– Getuțaaaaaaa! Getuațaaaaa! Getuța, hai la mama, Getuța! Getuța, unde ești??

Dispăruse cățeaua. Deci îmi pocnea o venă de nervi și nu sunt sigur că era o venă din cap, serios.

A mai răăcnit după ea vreo câteva zeci de secunde și apare javra, din întuneric

– Getuța, iubita mea, să nu mai dispari așa niciodată, ai speriat-o pe mama de moarte.

Și se apleacă, ia animalul în brațe și începe să îl dezmierde cu foc, în timp ce eu mă uitam la amândouă și nu știam exact pe care să o fut și pe care să o bat.

– Cetin, avem o problemă. Dacă noi facem asta, cine o ține pe Getuța, ai văzut că dispare imediat iar eu mor dacă rămân fără ea?

– Dă fata taichii câinele, că rezolvă băiatul.

Toată discuția asta se purta ea fiind în chiloți, cu fusta în vine, iar eu cu pantalonii desfăcuți, atârnați doar în curea. Și cureaua a fost salvarea, desigur. Am legat cureaua în jurul gâtului câinelui "ai grijă, ușor, e foarte delicată", câinele de o bară de metal și gata, ready for lovin'.

Partea cu lovin' a fost și scurtă, și proastă. Dacă o urcam pe gradena de sus, nu mai ajungeam eu la ea. Dacă o puneam pe gradena inferioară, trebuia să stau cu genunchii flexați. Fiind și grăsună, avea echilibrul unei foci pe sârmă, deci trebuia să o și susțin de șuncuțe, operațiune delicată, pentru că, desigur, o durea.

Și cam asta a fost tot sexul meu din seara aia. Tara gemea și din când în când zicea *Au, mă doare*, și nu din cauză că eram eu prea mare, ci pentru că o dureau șuncile, Getuța urla la lună, pentru că nu era obișnuită să fie legată și se zmuncea în toate direcțiile, iar eu nu îmi doream decât să se termine dracului totul și să mă duc acasă, să sufăr în liniște. De atât dragoste, ajunsesem să îmi doresc să plec naibii mai repede în armată.

– Unde o să fii repartizat, dragule? O să vin să te vizitez săptămânal, să știi!

– Încă nu știu, mâine aflu și te sun.

Nu am mai văzut-o niciodată pe Tara și pe cățeaua ei zdrențăroasă. Câteodată mă gândesc la ea cu drag, dar îmi dau seama că, după 20 de ani, probabil acum este cât Matahalia Jackson, plină de iubire, șaorma și crănțănele.

Iar săraca Getuța e demult plecată la o fermă în sud, pe veșnicele plaiuri ale vânătorii.

Teroare verde a focului

V-ați gândit vreodată care e momentul în care v-a fost cel mai frică în viață? Momentul acela în care ați simțit teroare, teroare aceea care vă face sângele să gâfâie prin artere și care vă blochează creierul, mâinile și picioarele până la punctul în care refuză să mai funcționeze normal?

Pentru mine, acela a fost momentul. Când s-a făcut dimineața zilei în care trebuia să plec în armată. Trezirea brutală la realitate, toată familia care se agita în jurul meu, negura din cap, mahmureala, senzația de vomă continuă, totul a dus la un moment în care voiam să îmi pun mâinile la urechi și să urlu incontrolabil de frică și teroare. Cred că dacă eram cu cineva cu care să fi putut vorbi și care să mă înțeleagă, chiar asta aș fi făcut. Din fericire, gândul că ai mei ar fi profitat pe viitor de momentul meu de slăbiciune, m-a adus cu picioarele pe pământ și mi-a readus inima în piept, din chiloți, de unde aterizase.

Seara de dinainte fusese o mare dezamăgire pentru mine. Sperasem la o despărțire de aia de care văzusem în filme, cu prieteni care se îmbată de jale și dor, cu iubita care îți face un ultim blowjob de despărțire și îți jură credință eternă, un fel de Casablanca, dar cu moldoveni aprigi și cutii de Scandic.

ARHI AMETCEA

Mulți dintre voi habar nu au ce e Scandic Vodka, nu? Ehehei, ce vremuri frumoase de trăit au fost. Scandic a fost prima marcă de vodkă autohtonă care a venit cu ideea genială de a face vodkă la cutie, inclusiv cutiuțe mici, care puteau fi strecurate în buzunarul de la piept și sorbite cu paiul. Vai, nu vă imaginați câte telefoane de alea am putut să beau în zbuciumata mea viață de liceu. Frumos băgate în buzunarul sacourilor, se sorbeau de zor de toți cei ce aspirau la statutul de mascul alfa, beta sau măcar mascul cât de cât. Eu, fiind cel mai mic din clasă până în clasa a 11 a, făceam toate prostiile la pătrat, ca să nu rămân mai prejos față de ceilalți, desigur. Nu o dată ora de matematică s-a încheiat cu o vomă în grup pe șinele de tren din spatele liceului, pentru că, desigur, vodka o cosmetizam și cu țigări de cea mai proastă calitate, pentru că doar nu era să am bani de țigări. De fapt, nu îmi aduc aminte ca, vreodată, maică-mea să îmi fi dat bani de mers la școală, alții decât cei pentru transport.

Seara precedentă se terminase cu cutii de Scandic, doar că fuseseră băute de mine încumi, împreună cu mine. Deși știau că plec, prietenii mei de atunci nu binevoiseră să apară decât vreo trei la întâlnirea programată în acea seară. Nu am aflat niciodată de ce, nu am mai vorbit niciodată cu vreunul. Iar cei ce veniseră, au stat puțin și au plecat, cu diverse motive.

– Armată ușoară, Cetin, să nu ne faci de râs. Venim în vizită neapărat duminica asta.

Niciodată nu au venit vreunul, a fost ca și cum aș fi murit brusc pentru ei.

POMPIERUL

După ce am consumat despărțirea, am plecat la Geani acasă. Desigur, Floarea Cioacă, maică-sa, nu mă primea în casă, așa că întâlnirile noastre se consumau pe holul din fața ușii, unde stăteam și vorbeam câte în lună și în stele, până venea femeia și mă gonea de acolo, cu alese și duioase urări de *vagabondule, mai du-te acasă și lasă-mi fata în pace.*

A fost, poate, cea mai aiurea, înghețată, rea despărțire de care am avut parte. Și eu, și ea eram introvertiți și nu știam să ne manifestăm fizic nevoile și sentimentele. Doar stăteam unul lângă celălalt, îmbufnați și priveam în gol, către un punct care nu se mai termina pentru niciunul. Fiecare încercare de a deschide vorba se termina cu un Da. Sau Nu. Sau pur și simplu cu o pauză. Nu știam ce să zic, ce să cer, ce să ofer, nu reușeam să scot nimic din mine.

– O să mă aștepți?

– Ți-am zis că o să încerc. Eu, ACUM, vreau să te aștept. Nu știu ce va fi mâine sau săptămâna viitoare.

A fost una din cele mai lungi discuții din acea seară.

– Ai fi vrut să facem dragoste acum?

– Nu.

Și iarăși o tăcere lungă, stupidă, pe care o puteai curăța cu o lavetă de pe pereții murdari ai blocului.

La un moment dat m-am ridicat, ne-am sărutat, am strâns-o în brațe și i-am mai simțit o dată sfârcurile perfecte cum mă împung și îmi comandă un început de erecție și am plecat. Am mers pe jos tot drumul până aproape de casă. Mi-am cumpărat de la un chioș o cutie de Scandic la 500 ml și o sticlă de Fanta (- aveți Fanta roz? – Toate avem fanta roz, puișor) și am stat în cur în fața blocului, singur.

ARHI AMETCEA

Cât timp am stat, habar nu am. Am băut chestiile alea și, când am simțit că lumea nu mai e atât de sigură în jurul meu, am urcat pe scări până în casă. Stăteam la etajul 9. Urcatul pe scări îmi dădea impresia că timpul trece mai încet și că, printr-un ceva miracol science fiction, timpul se va dilata atât de mult încât nu voi mai ajunge niciodată a doua zi. Voiam și să o sun pe Geani, era și extrem de târziu, dacă o sunam, cu siguranță răspundea Floarea Cioacă și mă făcea ca la Nufărul că iarăși atentez la fi-sa, era un întreg tumul în alcoolizatul meu cap. După care am adormit, somn negru, fără vise, somnul acela din care nu ai vrea să te mai trezești.

Doar că m-am trezit. M-am trezit cu acea groază și teroare. Dintr-o dată, totul era acolo, viitorul era lângă mine, palpabil, cu ochi roșii de teroare, cu confruntarea fizică dintre băiatul ce eram și entitatea care urma să devin. Acel eventual bărbat pe care îl aștepta toată lumea sau, de ce nu, acel ratat alcoolic și abuziv ce ar fi putut emerge dintr-un mediu distructiv și nivelant precum armata.

Mi-am luat valiza de lemn și am plecat spre mașină. Nu am înțeles de ce era înrădăcinată ideea de a merge cu o valiză de lemn după tine. Desigur, și eu am făcut rost de una de la cineva, habar nu am cine, dar nimeni, niciodată, nu ne-a spus că ar trebui să avem o valiză de lemn cu noi. Toată lumea știa că trebuie să ai valiză de lemn și aia era. Și nu, în armată nu se furau chestii, cel puțin nu acolo unde am fost eu. Oricum, era practic imposibil să o faci și eram mult prea puțini ca cineva să își permită să o facă. Un eventual hoț ar fi fost izolat imediat.

Mama, brusc, devenise foarte lacrimogenă.

POMPIERUL

– Să ai grijă, dragul mamei şi să fii ascultător, să nu ți se întâmple ceva. Că ți-a trebuit ție armată, nu puteai să o mai laşi până o scoteau ăstia.

Mi-a venit brusc, pe loc, să îi dau una. După ce multe luni de zile mă terorizase că nu mă duc în armată, că pierd vremea, că nimeni nu o să mă angajeze vreodată fără stagiul militar satisfăcut (ceea ce era, pe undeva, adevărat, dacă nu aveai armata făcută, era foarte greu să te angajezi, pentru că nimeni nu voia să îşi blocheze postul cu un tip care pleca un an la cuca măcăii, să servească patria), că să fac ceva cu viața mea şi poate termin şi cu fata țiganului, acum, brusc, o apucase grija şi eu devenisem vinovatul pentru plecare. Clasic mom, de fapt.

De nervi, nici nu prea i-am mai băgat în seamă, când am intrat pe poarta unității de la Pieptănari, unde se strângea şeptelul ca să fie redistribuit către unitățile hulpave, ce abia aşteptau să înghită nişte cărniță proaspătă. Ne-am strâns în brațe destul de rece şi am intrat, fără să mă mai uit în urmă. Probabil nici ei, dar oricum, nu îmi mai păsa, aveam alte probleme, mult mai grave pe cap. Cum ar fi că făcusem primul pas spre a deveni biban.

Bibanul este treapta cea mai de jos în armată. Este ultimul venit în zonă şi este primul care este chinuit, la nevoie, cu orice. Dacă ar fi să fac o paralelă cu frontul, e cel ce e trimis înainte drept detector de mine, pentru că oricum altă valoarea nu are. Corespondentul bibanului, la pompieri, este gogoşarul. Am aflat asta pe propria piele, când un tip cu ceva grade a început să urle la mine:

– Gogoşare, unde pula mea te crezi, pe câmp la mă-ta, pas alergător, nu te târâi ca scroafa dup montă! Marş, mă, mai repede, nu auzi, vorbeşte un om sau rage un bivol?

Din punctul meu de vedere, răgea un bivol, pentru că eu habar nu aveam ce e ăla gogoșar și nu știam că vorbește cu mine, mă gândeam că o fi ceva specialitate din armată. Până să mă dumiresc că eu sunt găgășarul și cam care e direcția în care trebuie să mă îndrept în pas alergător, respectivul om cu grade deja era roșu la față ca de la o criză de apoplexie, ochii scoși din orbite și practic nu se mai înțelegea nimic din ce urla. Am auzit pe fugă un *Ne mai vedem noi*, dar cine dracu' stătea să mai analizeze așa amenințări, după urletele alea? Pas alergător, adică fugă cu picioarele la spinare, valiza tronca tronca în brațe, transpirat fleașcă de la căldură, plus că nu am suportat niciodată alergarea, mi se pare cea mai inutilă pierdere de vreme pentru o persoană cu valențe umane.

Grosul poporului dus la tăiere era strâns într-un garaj uriaș, golit de mașinile de pompieri care îl ocupau în mod normal. A fost prima oară când am înțeles rostul valizei de lemn, care s-a transformat brusc într-un scaun confortabil pentru un gogoșar transpirat și amărât, care nici măcar nu intrase bine în unitate și deja era luat la ochi de către cei ce aveau pâinea și cuțitul, cuțit care se pare că voiau să îl utilizeze la cu totul altceva decât feliat de pâine. Da, mintea mea atunci la acest nivel de teroare era, simțeam că toți cei din jurul meu vor să îmi facă rău și că am intrat într-un malaxor al distrugerii din care nu aveam cum să mai scap.

Singurul lucru care mă mai ținea agățat de realitate era, nu știu de ce, gândul la Geani. Nu vreun gând în mod deosebit, nu vreo amintire în mod special, dar cum îmi venea imaginea trupului ei micuț în gând, când puteam să o văd pe canvasul minții, automat simțeam că mă liniștesc și devin mai rău și mai motivat să scap de acolo. Și aveam și de ce să încep să fiu rău.

POMPIERUL

Pentru că în jurul meu se dusese dracului orice urmă de copilărie. Peste tot se vedeau urmele activității unității, furtune, scări, târnăcoape înnegrite de foc, prezante agățate de uși (prezantele sunt costumația impermeabilă a pompierilor, cea care se trage deasupra uniformei înainte de plecarea la foc), mașini de pompieri cu roțile de parcă erau noi (se făceau cu cremă de ghete) și, în primul rând, privirile tuturor celor din jur. A fost prima oară când am învățat că, atunci când îi este frică, omul este cel mai teribil și egoist animal, nimic nu mai contează din educația primită anterior, în afară de instincul de a te proteja pe tine însuți.

Ochii oamenilor, în acele momente, erau ei înșiși o poveste. Oglinda perfectă a personalității fiecăruia. Bărbații mai în vârstă aruncau priviri arogante și ușor relaxate. Știau că se vor descurca, știau ce viață urmează și că i se pot adapta. Vlad, tipul de 27 de ani de la comisariat, avea o discuție de viață cu un altul:

— Bă, eu și la pârnaie am futut. Am adus-o acolo pe nevastă-mea, bă, pentru că ce zic eu, aia se întâmplă, am băgat-o în cameră, am pus o pătură și am dat frățică, până am rupt pizda în ea. Înțelegi? Am rupt pizda în ea.

Hăhăitul din jurul lui demonstra că oamenii au înțeles și savurau, în imaginație, momentul în care măgădăul rupea, poate la propriu, un amărât de vagin.

— Ai rupt pe dracu, pisoi, se auzi din spate.

Brusc, s-a văzut că aproape i-a sărit borșul pe nas lui Vlad, de nervi. Pentru că, desigur, în spate, era colegul Aripioară, care își tăia elegant unghiile, ascultându-i poveștile de pârnaie.

— Mă faci mincinos, bă schelet ambulant?

– Într-un cuvânt, da. Probabil ai futut-o pe amărâta aia care te suportă, dar eventual ai futut-o la vizita conjugală, nu în camera ta.

– Frățioare, să te ferești de mine câdn ajungem, că e nasoală treaba, să știi.

– Da, pisoi, stai liniștit. Ia zi, bă, turcule, care mai e viața ta? Te-au încălțat ăștia? Hai că ești speriat ca nevasta lui Vlad înainte de pulă la bahaus, mergem să fumăm o țigară ceva?

Nu am mai apucat să mergem la țigară, pentru că începuse ceremonia de primire a tăurașilor în țarc. Sau a gogoșarilor în iad, cum vreți să îi spuneți. Ne-am strâns în careul mare al unității, în cor de *Mișcă dracului mai repede, gogoșare, hai putoare, mișcă mai repede, că arde, hai hai.* Nu puteam să nu mă gândesc că, dacă nu existau toate urletele alea, probabil ne-am fi adunat mult mai repede și mai ordonat. Așa, eram ca niște oi speriate, alergate haotic de ici-colo, cu tărăboanțele alea de lăzi de lemn după noi, obosiți, speriați ca vai de noi, fără să înțelegem nimic.

– Bună ziua, soldați! a urlat o voce la noi, în boxe. Ne vorbea comandantul unității.

De[1] fapt, de aici începe

Toată copilăria și adolescența am fost un copil mic și slab. Nu știu dacă era de la mâncarea puțină și proastă din copilărie, care și-a pus amprenta asupra dezvoltării mele sau, cum ziceau ai mei, din cauză că sunt al dracului și nu se lipește nimic de mine. Deși, copil fiind, numai al dracului nu eram. Ținut cu forța în casă, bonă pentru copiii mamei mele, eram complet pe dinafară legat de ceilalți copii, mediu de joacă și altele. Ca idee, mă înjurase odată un țigănuș din cartier și eu i-am răspuns ritos Să-mi dai la muie! Așa mi se părea mie corect, ținând cont că nu știam ce înseamnă asta și că e mai normal să îmi dai mie ceva, decât să îți dau eu ție.

În liceu nu s-a schimbat în mod deosebit asta. În clasa a 9 a eram, probabil, cel mai mic din clasă la înălțime și greutate. Cu siguranță în top cinci pe liceu, la coadă. Și, fiind liceu cu clase de sport, volei, capătul celălalt era format din elevi de a 9 a care depășeau 1.80 relaxați. Mari, frate, ditamai caii, față de cei 160+ ai mei, diferența era ca între David și Goliat, cu excepția faptului că eram un singur David, iar ei erau un liceu de Goliați.

---

1. http://cetin.ro/pompierul/?p=6

ARHI AMETCEA

De aici, timp de vreo 2 ani, a urmat o viață de vis pentru mine. În primul rând, porecla de Păduche, dată de unul din Goliați, pentru că i se părea hazliu cum sunt eu mic și agitat și nu stau locului nicio clipă. Palme după ccafă din senin, piedici puse pe hol, glume haioase sau mai puțin haioase, toate datorate faptului că eram mic. Serios, viața de liceu e dură, dacă ai fost într-un liceu și ai ieșit întreg de acolo, înseamnă că ești bun inclusiv de legiunea străină, posezi o rezistență de invidiat.

Nu mai zic despre cum îmi afecta inclusiv viața sentimentală chestia asta. Elena, dragostea mea din clasa a 9 a, fata pentru care așteptam și câte o oră, nemișcat, la metrou la Crângași, ca să ne întâlnim accidental și să pot să îi fac capul mare cu povești și glume. Da, vine un moment în viață când realizezi că, dacă vrei să ai copii și să faci sex, trebuie să îți exploatezi cele mai bune calități. Ori eu, dacă eram mic și presupuneam că voi rămâne pitic tot restul vieții, nu aveam altă șansă decât să îmi exploatez umorul efervescent.

Elena era o fată micuță de înălțime, dar mai înaltă decât mine, desigur. Brunetă, cu un ten alb ca laptele și ochi asiatici, mi se părea apogeul frumuseții, ambrozia mea sexuală, panaceul tuturor dorințelor înăbușite. Și serios, chiar îmi mergea cu ea. Cu o învăluire de durată, am refuzat complet să fiu băgat în friend zone și nu am ascuns niciodată intențiile mele. Mergeam de mânuță, ne pupam delicat când ne despărțeam la metrou, era relația aceea drăguță la care visează orice geek mic și ochelarist dintr-un liceu oarecare.

După care, într-o zi, fără să vreau, am surprins o discuție dintre ea și niște tipi de la clasa de volei:

- Și ia zi, Elena, am auzit că ești prietena lui Păduche.

A stat Elena câteva secunde, după care:

- A, nu, mă duce la metrou şi nu mă mai plictisesc pe bulevard, singură.

- Hai bă, lasă vrăjeala, că mergeţi de mână amândoi.

- Nu e, mă, nimic, termină cu astea.

Şi acum, când mă gândesc, simt cum mi se dezumflă ceva în mine, ca vezica flotantă a unui peşte şi mă duc la fundul apei, fără acces la aer şi alte bunătăţuri. Eu eram îndrăgostit şi ea, nemernica, mă vindea pe 30 de arginţi. M-am întors, am plecat şi nu m-am mai uitat niciodată înapoi, nu am mai vorbit cu ea, nu am mai salutat, am uitat-o complet. Bine, nu a durat mult şi m-a alinat Oana. Oana SOBIESŁAW, fata din ultimul an de liceu, care probabil era poloneză şi care, nu ştiu de ce, făcuse o pasiune pentru micul turculeţ cu ochelari. Am şi acum pe unde o poză cu ea, în care mă sărută pe obraz iar eu mă feresc, alintat, neînţelegând exact ce vrea de la mine şi de ce, speriat că este iarăşi o glumă care implică pitici. Am înţeles mai târziu ce voia şi o să îi rămân recunoscător toată viaţa, oriunde s-ar afla ea acum. Poate, odată, o să şi povestesc cuiva despre ea, cine ştie.

Cert e că eşecul cu Elena m-a mobilizat masiv, aşa cum nu cred că am fost eu vreodată mobilizat. În vacanţa de iarnă am plecat la bunici, unde am făcut toate chestiile pe care le evitam până atunci. Am spart tone de lemne cu un topor pe care, la început, nici nu îl puteam ridica. Am hrănit toate animalele, zilnic, cu tot ce era nevoie, am cărat sute de găleţi de apă şi am mâncat numai chestii pe care, altminteri, nu le-aş fi atins nici cu mâna, gen jumări cu usturoi, mămăligă cu lapte sau cu brânză şi smântână. Da, aşa eram eu, copil crescut la capitală. Am călărit, chiar, deşi mi-e o frică incredibilă de cai

ARHI AMETCEA

După care, la începutul verii, am găsit un anunț în Informația, cu cursuri de Karate la nuștiu ce liceu bucureștean. Și am zis că nu are ce să îmi strice și niște cursuri de autoapărare, Bruce Lee nu sunt, dar ceva ceva tot oi reține eu. Din fericire pentru mine, am greșit liceul, în seara în care m-am dus să caut cursurile. Pe vremea aceea, nu existau telefoane mobile. Nu, serios, chiar nu erau. Și nici Google Maps sau Waze, ci doar întrebat din om în om și autobuzul 178, care duce în centru.

Așa că am aterizat, complet incidental și întâmplător, la cursurile de Wu-Shu ale unuia din pionierii stilului, în România, Ioana Florin, care, pe vremea respectivă era slab, atletic și făcea flick flackuri la fel de ușor cum mănânc eu șaorme. Și ce bine mi-a prins că am dat peste el. A fost exact ce avea nevoie un tip timid, destul de mic de statură, slabă, complexat, cu ochelari, tot ce ai nevoie pentru a contura un geek clasic. Probabil îmi mai lipseau cele 10 pixuri în buzunarul de la piept al cămășii și ochelarii lipiți cu leucoplast pe mijloc, ca să îmi scrie pe frunte Aparat de luat șuturi în cur.

Și, ca să vezi fază, am realizat că, de fapt, mie îmi place să mă bat. Bine, e impropriu spus bat. Îmi place să mă lupt în ring. Pe parcursul unei veri, am reușit să realizez lucruri la care doar visam, urmărind filme cu Cinthya Rothrock și Lorenzo Lamas. Dar, ceea ce era cel mai important, nu îmi mai era frică de chestii gen E mai mare decât mine (practic, toată lumea era mai înaltă decât mine) și nu îmi era jenă să dau un pumn.

Dar ce a fost cel mai frumos a fost că, în vara aceea, am crescut 14 centimetri. Dintr-o dată, din piticul amețit cu ochelari, devenisem un tip decențel, de aproape 1.80, destul de bine făcut și cu multe, multe plăți de făcut.

POMPIERUL

A veni prima zi de şcoală. Am intrat pe poarta liceului, m-am conversat puţin cu portarul, când, la un moment dat, am auzit un urlet de pe băncile din curte:

- Păduche, vino încoa, că te aştept de o vară. Hai
vino la tac-tu, să te salte puţin de la pământ.

Urletele le emana Silviu, unul din bully mei favoriţi, genul acela de om stupid, care pur şi simplu nu are linişte dacă nu face rău cuiva, de preferinţă mai mic decât el. Silviu era destul de înalt, dar nu reuşise să rămână în clasa de volei, pentru că era dolofan. Genul acela de gras pe care curge slănina, nu se aşează cât de cât uman. În uram pe Silviu cu pasiune şi, din păcate pentru el, era exact omul de care aveam nevoie în acel moment.

M-am îndreptat încet spre el, privindu-l de la distanţă. Dintr-odată, nu mai părea deloc fioros, ci doar un grăsun isteric, care făcea gălăgie pentru toată gaşca de adolescenţi strânsă în zona respectivă.

- Coiţe, dar ce e cu tine, pari mai înalt? Ia zi,
Păduche, ai dat şi tu la buci vara asta? ZI bă, nu îţi
fie ruşine, că acum eşti mare, ai trecut clasa a 11 a,
ditamai bărbatul.

Aveam în cap multe idei de a-l distruge fizic pe micul terorist. Anii de tortură îşi cereau drepturile şi voiau să îi dea, pe loc şi toate odată, toată suferinţa pe care o avusese copilul ce eram la momentul respectiv.

- Am venit, mă Silviu. Ia zi, ce...iar după cuvântul ce,
i-am dat o singură palmă.

Eram mult mai bine făcut decât el, sătul de miile de flotări făcute sub ironiile lui Florin, cu pumnii tociți de zeci de ore de lovituri în sac. Iar el era un gras bleg și coleric. A căzut în fund pe bancă și se uita tâmp la mine, cu gura căscată, uimire, teamă, whatthefuck și restul senzațiilor care îți trec prin minte în asemenea momente.

A dat să se ridice, moment în care i-am zis, pe cel mai calm ton posibil:

- Stai jos, altfel a doua oară nu te mai ridici.

După care am plecat în treaba mea.

Ca să vezi ce însemnă reputația în liceu. După chestia asta, unul din colegi, Luca, s-a apucat să împrăștie zvonul că l-am ajutat să scape de niște țigani, la el în cartier. Și că i-am bătut pe respectivii de se căcaseră pe ei. Și că sunt un ninja în deghizare. A contribuit la bârfă și legitimația de sportiv la clubul de wu-shu al RATB-ului, pe care i-o arătasem într-o pauză. Una peste alta, devenisem centură neagră la wi-shu, super luptător, cavalerul dreptății și superman de Vitan.

Nu am comentat, a fost ceva util pentru mine, datorită acestor legende, nu a trebuit să mă mai cert niciodată cu nimeni, cât a mai rămas din liceu. Oricum nu îmi păsa de nimeni, eu doar doream să fiu lăsat în pace, cu ale mele. A venit, la un moment dat, Elena la mine:

- Mi-a plăcut că ți-ai impus punctul de vedere în fața lui Silviu.

POMPIERUL

M-am ridicat, fără să spun nimic, și am plecat. Niciodată nu am mai vorbit cu ea, nici măcar după vreo 10 ani, când mă căutase, pe internet, să mai depănăm amintiri despre școală. Desigur, acum îmi pare rău că am fost un prost căpos, doar că greșelile copilăriei și tinereței, deși se estompează foarte rapid, își produc efectele încă mulți ani de la săvârșirea lor.

Era o după masă de weekend, pe la începutul verii. Pierdeam, ca de obicei, vremea pe stadionul de lângă casă, lăbărțat pe o gradenă, cu un BT atârnat lejer de o buză. Erau foarte împuțite BT-urile, dar, pe de altă parte, arătau a țigări de oameni cu salariu, nu ca Plugarul sau Mărășeștiul de toate zilele pe care le poșteam câte 5-6 la o singură țigară. Când ești un semi-rocker la început, lipsa banilor este un stindard, nu o jenă.

Bârfeam împreună cu prietenul Mefisto, fost copil zănatic, actualmente rocker supărat, cu chelie și barbă, soție și copii, despre tot ce ne trecea prin fața ochilor. Dacă nu știți, bărbații sunt cele mai bârfitoare ființe de pe suprafața Terrei. Da, știu, legendele străbune vă zic că femeile ar fi. Dar nu, femeile poate că sunt sunt mai vorbărețe, bărbații, în schimb, foarfecă tot ce prind și traduc prin *Am futut-o și pe-asta, dă-o dracu'.*

-Am fost aseară la Mia acasă. Bună Mia. Băut ceva, dansat, ascultat muzică decent, am pus un film pe casetă și ne-am așezat pe canapea, mai comod, if you know wattamean.

- Da, Mefi, toți știm ce tu mean, e ok.

- Dau sutienul jos, pipăi țâțic, țâțic bun, bun de tot. Tare, cu sfârcurile mari și fierbinți, numai buni să îți împingă mâna în chiloți. Am băgat mâna în chiloți, mângaiat ceva lindic pe acolo, după care am scos-o, ca să îmi dau tricoul meu jos...

A urmat o pauză, care nu se mai termina.

-Păi şi? Ce s-a întâmplat?

- Nimic, frăţică, nimic, pentru că îmi mirosea mâna de parcă tocmai curăţasem 60 de kile de caras. Şi prin caras, mă refer la peşte, if you know wattamean. Bă, puţea într-un mod înfiorător, îi mirosea pizda ca unei babe în 135, vara, la prânz.

-Da' de unde ştii tu cum miroase pizda unei babe atunci?

- Sictir, nu ai puţină compasiune pentru suferinţa mea.

În timp ce râdeam aşa, mi-am aruncat ochii pe pista de atletism, unde o tipă drăguţă văzută de la distanţă, făcea nişte chestii care mi s-au părut cunoscute, mişcări de Santa, de la Wu-Shu.

Santa e un fel de dans de la sporturile astea chiezeşti, în care un anume, gen tu, învaţă câteva sute de mişcări, pe care trebuie să le execute în ordinea şi la amplitutinea corectă, în funcţie de cerinţele exerciţiului. E destul de bun pentru a induce o memorie musculară pentru diverse lovituri şi dacă vrei să ajungi mare maestru în ciocăneală de asta de gen. Altfel, este plicticos până la moarte, nu l-am suferit niciodată, aşa cum nu am suferit niciodată să dansez, la nunţi sau aiurea. Desigur, toate gagicile care făceau sporturi de gen, se orientau rapid spre dansuri de astea unde, surpriză, erau foarte bune. Acum, ce să zic, dacă reuşeşti să ţii minte paşii la hora din sat, reuşeşti să ţii minte şi mişcările alea.

Cred că, pentru prima oară în viaţă, atunci, am avut tentaţia de a mă duce spre ea. Total necaracteristic mie, fii un copil/adolescent timid, introvertit şi, în general, destul de prostănac cu femeile. Adevărul e că, dacă mă uit în urmă la toată grămada de femei care mi-a trecut prin pat, sau na, în fine, lângă pat, movhetă, blat de bucătărie, chiuvetă, cadă, masă, toaletă de tren, de avion etc, realizez că absolut cu fiecare în parte, din cele de care îmi aduc aminte, am avut un noroc teribil când le-am convins să îmi aparțină. De fiecare dată, cumva zarurile au picat de partea mea, contribuția mea fiind apropiată de zero. Până și actuala mea nevastă, practic, m-a agățat și m-a aburit. Ea zice că mă iubește, eu nu prea înțeleg de ce, dar nu vreau să îmi mânii soarta, așa că o las baltă.

-Bună, și tu faci wu-shu?

Până să răspundă copila ceva, din dreapta ei a apărut o scorpie, identificată ulterior drept distinsa ei mamă:

- Nu e treaba ta ce face ea, hai, cară-te de aici.

- Mamă, dar nu a zis nimic rău, lasă omul să vorbească, mai rămâne să îl iei la bătaie, spuse frumușica dansatoare de santa, fără să se oprească din activitate.

Cu un mârâit, zbirul s-a retras la locul ei. Am răsuflat ușurat, în timp ce întrebam:

- Auzi, dar ce a fost asta?

- Asta a fost mama, are tendința de a fi mult prea protectivă, uneori.

- Heh, ești genul ăla ținută în casă, pentru protecția pieliței aceleia mici?

- A, ce pieliță? GEANINA, DESPRE CE VORBIȚI VOI ACOLO?? se auzi din fundal.

- Nimic, mă mamă, glumim și noi cu de-astea copilărești.

Și uite-așa, din glumă-n glumă, din prostioară în prostioară, ea a uitat să mai facă exerciții, eu am uitat că venisem decis să mă uit în decolteul ei și am vorbit tot timpul, despre orice prostie, fără să realizăm cum trece timpul. Iar ideea de a ne întâlni și mâine a venit complet natural, parcă din partea amândurora, fără vorbe sau tatonări.

Deja, cumva, eram prieteni.

Prima noapte de război

Ştiţi cum se antrenează în rapiditate pompierii? Habar nu aveţi.

După o zi de instrucţie grea, te bagi în pat, rugându-te la cer şi pământ să adormi imediat, pentru că peste 2 ore intri planton 2 şi o să mai dormi din părţi.

Îţi pui hainele frumos împăturite la capătul patului, cu bocancii alături, te bagi sub pătură şi adormi. Aproape instantaneu se aude un urlet:

DEŞTEPTAAAAAAAAAAAAAAREA! ALARMĂ!!

Sari din pat, beat de somn şi te repezi la haine. Ai timp exact cât arde un băţ de chibrit ţinut cu fosforul în sus, să îţi tragi pantalonii pe tine, cămaşa încheiată la un nasture şi bocancii. Serios, fix cât ţine un băţ de chibrit. Sunt câteva secunde bune, dar aproape niciodată suficiente. Şi asta trebuie să reuşească tot dormitorul, nu doar unul. Dacă reuşeşte toată lumea să facă asta în timpul dat, se trece la faza a 2 a. Dacă nu, din nou în pat, din nou DEŞTEPTAREA, din nou îmbrăcat. Până iese.

Faza a 2 a este fuga disperată la maşini de luptă. Caşcarabetele acelea vechi, pline cu apă, care se clatină obosite pe drumurile patriei. De obicei dormitoarele sunt minim la etajul 1. Trebuie să ajungi la maşini, să te îmbraci în prezante (acele haine de plastic de peste echipament care, în teorie, te protejează de apă), să scoţi maşina de 9 tone din garaj şi să te aliniezi în faţa ei în 1 minut şi 42 de secunde. Pe cronometru. Toţi. În general 5 maşini. Dacă un singur om nu reuşeşte, se ia de la capăt, cu dezechiparea, în dormitor, dezbrăcarea, în pat. Cu echiparea care trebuie să le iasă tuturor pe timp. Şi iarăşi, alarmă peste alarmă, noapte de noapte. Până când eşti în stare să sari direct în bocanci din pat şi nu e deloc o exagerare.

– Desteptarea!!!

Urletul ne-a lovit nervii, de-abia amortiti, si ne-a facut sa sarim din paturile tari, care cum putea, rostogolindu-ne printre picioarele gradatilor dezlantuiti și impartind lovituri oamenilor buimaci de somn.

– E alarma soldat, fututi dumnezeii matii. Trebuia a fii deja jos in fata masinilor, nu sa tandalesti in dormitor.

– Culcat! Drepti! Culcat! Taras coate si genunchi! Pe sub pat, porcule, nu pe culoar, sa incurci. Drepti!! Culcat!

Ne-au strans, ca pe niste gaini plouate, intr-un tarziu, jos la masini.

– Voi sunteti soldati?? Pana acum putea sa arda orice obiectiv, in asteptarea voastra!

– Caporale, pentru ca sunt un om bland, nu o sa faceti exercitii de aviatie in noaptea asta, asa cum ne propusesem. Vom intinde *furtune*.

– Am inteles, sa traiti!

– Pluton, la staaaaaanga! Pentru defilare, cu cantec inainte, mars!

"Suntem pompieri, suntem mandria noastrei tari..."
Ni s-au impartit furtunurile, ne-au readunat in careu si ni s-a explicat ce trebuie sa facem. Ne vom imparti in grupe de cate patru servanti. Servantul unu intinde primul furtun, care masoara 20 de metri, servantul doi alearga pana in captul celalalt al furtunului, isi intinde propriul furtun, leaga furtunurile intre ele, asteptandu-l pe servantul trei, care va face acelasi lucru, asteptandu-l pe servant patru. Un furtun de pompieri cantareste in jur de 25 de kilograme.

Un furtun de pompieri ud cantareste dublu. Niciodata furtunurile de antrenament ale pompierilor nu sunt uscate....

POMPIERUL

Toata aceasta rutina trebuie sa se intample într-un timp sub 50 de secunde, iar furtunurile intinse sa fie drepte, urmărind o linie trasă cu creta, pe asfalt. Furtunurile nu sunt niciodata drepte, iar asta se demonstreaza usor, dacă asta dorești să faci.

– Turcule, e a doua oară când arunci strâmb.

– Dom' caporal, am aruncat doar de câteva ori până acum și...

– Dom Caporal ce, gâtu' mă-tii de gogoșar, tu crezi că vorbești cu mă-ta?

– Să trăiți, dom caporal, permiteți să raportez!

– Așa gogoșare, vezi că înveți repede? Deci cu furtunele nu vrei, nu că nu știi. Ia hai, ia furtunul și bagă ture.

Ce trebuie sa faca, drept pedeapsa, pompierul, pentru ca nu a executat corect exercitiul? Ia furtunul in brate, il ridica deasupra capului, si da o tura de platou, aproximativ doua sute de metri, in fuga cea mai mare, pentru ca, dupa regulament, fuga mars in armata romana se executa in cinci secunde si 70 sutimi...pe 50 de metri. Iar pompierul e imbracat in uniforma de soldat, iar deasupra uniformei are prezantele de incendiu, facute dintr-un cauciuc gros si ignifug, are casca de pompier in cap, si deasupra capului, in maini, un furtun de 40-50 de kilograme. Serios, nu e o glumă, așa sunt regulamentele militare făcute, ca să poți fi distrus cu cartea în mână. Ce contează că acel timp e de fapt recordul mondial la sprint, în armata română sunt doar semizei care se plictiseau acasă.

ARHI AMETCEA

Dupa tura de pedeapsa, cu mainile tremurande, se trece la repetarea exercitiului. De obicei, cel care face aceste ture este calul de bataie al comandantului de pluton. Servantul patru. El alearga la fiecare exercitiu 80 de metri, pentru ca este ultimul care isi intinde furtunul. Iar dupa ce alergi 60 de metri, sa intinzi un furtun de 40 de kilograme, drept, devine aproape imposibil. Si atunci, e predestinat pentru inca o tura de pedeapsa.

– Ce faci soldat, de ce ți-ai dat casca jos, **CE FACI, SOLDAT**?!

– Să trăiți, Dom` caporal, permiteti sa raportez, imi dau cu mufa de la furtun in cap in timp ce alerg!

– De ce faci asta soldat?

– Permiteti sa raportez, ca sa imi sparg capul...

– Deci vrei să sabotezi armata? Ia lasă furtunul jos. Soldat, avioane inamice la dreapta!

Și sari jos, în stânga, cu fața în sus și mimezi că ai o armă în mână, în timp ce faci ratatatatatatata, mitraliind avionul acela invizibil care nu are altă treabă decât să îl atace pe soldatul Ametcea.

Si iar incepe intinderea de furtune. Si tot asa, toata noaptea. Nu, nu toata noaptea. NU toată lumea știe, dar somnul soldatului român este și el înscris în acel regulament militar. Pompierul roman are dreptul la odihna de la 5:30 la 6:00, dimineata, si de la 22:00 la 22:30, seara. In rest, e la dispozitia gradatilor. Așa că, este 5.30.

– Rupeti randurile! La dormitoare, fuga mars!

POMPIERUL

La dormitor, trebuie sa te speli, pentru ca nu ai voie sa te bagi in pat asa. Si sunt doar 4 chiuvete la doua plutoane, 24 de oameni. O dată pe săptămână ai voie să faci și duș. Dacă ești un om norocos, tehncianul de la centrala termică a dat drumul și la foc și apa e ușor călâie. Dacă nu, apa e înghețată bocnă, de ți se fac coaiele ca niște mici sâmburi de caisă, iar pula ți se ascunde în orice strat de grăsime pe care îl vezi.

De fapt, dușul, la soldați e o chestie de socializare foarte interesantă. Colegul nostru, viitoarul caporal Ionescu Robert, era singurul posesor, dintre noi, a unei puli fară prepuț. Falnică pulă, între noi fie vorba, dar nu avea pielea acolo. Și, în naivitatea mea, neștiind ce dracu înseamnă aia, îl întreb pe majoru' Fugaciu:

- Majoru', de ce stă Ionescu cu pula belită tot timpul are vreo boală?

- Nu, turcule, dar ăsta e semn că a făcut sex recent.

Bam, mi-a explodat minte. Unde pula mea a făcut ăsta sex și când? Și toată lumea știe chestia asta? Păi și ce facem, eu sunt mai prost decât Ionescu? Care Ionescu era extrem de bătut în căpșor, mă mir profund că era capabil să treacă strada singur și să ducă ciorba la gură fără să se opărească.

Așa că, la dușul următor, am apărut și eu cu pula decalotată, plimbându-mă impunător printre ceilalți, ia uite, am făcut și eu sex, idioților, sclavi mici ce sunteți.

Deja e trecut de 5:30, dar cui ii pasa. Sa ajungi in pat e ultima dorinta pe care o poti avea in conditiile acelea.

Ne-am intind in paturi, nu, de fapt, ne-am prăbușit, lesinati la propriu, rugandu-se sa nu se mai trezeasca, sau sa se trezeasca, sa fie un vis, si sa fie acasa, sa...

– Desteptarea!! s-a auzit un bocanc ghintuit lovind ușa cu putere.

– Mai sunteti in pat?? Dormiti ca niste porci, miroase de la voi a lene! Afara toata lumea, la inviorare.

De-abia adormise, nici nu știam exact dacă am reușit să adorm sau doar îmi imaginam că dorm. Am sărit în echipament aproape adormit, cu o senzație de vomă în stomac, pur și simplu nu îmi imaginam cum o să reușesc să trec peste ziua aia nenorocită ce urma să vină.

Si se incepe o inviorare lejera, cu 5 ture de platou, un kilometru. Dupa asta, se trece la miscari de inviorare usoara, gen mersul piticului, saltul broscutei, tractiuni rapie la bara fixa.

Urmeaza dusul de dimineata. Ar trebui sa fie apa calda, dar cine isi mai aminteste de cand nu au avut apa calda? Merge si cu apa inghetata. Asa se cladesc adevaratele caractere. Barbieritul rapid taie fete si zgarie barbii, dar nu ai timp. Sunt 20 de minute in care trebuie sa faci totul, inclusiv patul, pe care cateodata, trebuie sa sara banul caporalului. Deh, daca nu sare, ghinion, vei avea placerea sa faci toate paturile din dormitor. Cata lenevie...

Masa de dimineata...un pachet de unt este taiat in patru. Sferturile ramase sunt taiate si ele la randul lor in patru. O lingurita de gem si doi biscuiti. Cana de ceai aferenta, si ai o masa copioasa.

Te ridici de la masa, mai flamand decat erai cand te-ai asezat si fuga la impartitul sectoarelor. Pentru un gogosar, sectoarele sunt ce mai placut moment al zilei. Iei carpe, de unde le iei nu priveste pe nimeni, si incepi sa stergi praful, sa dai lustru pe holuri, sa stergi WC-urile.

POMPIERUL

E foarte interesantă chestia asta din armata română. Trebuie să faci chestii, dar nimeni nu îți asigură, în vreun fel materialele necesare. AI nevoie de cârpe? Te descurci, nu interesează pe nimeni de unde. Ai nevoie de cremă de ghete ca să dai roțile mașinii de pompieri? Folosește crema ta de ghete, soldat. Dar tu ai primit doar o cutiuță de cremă mică, cutiuță care ajungem maxim o singură dată să dai toate roțile. De unde iei 30 de cutiuțe lunar? Nu e treaba nimănui, te descurci. Același lucru se întâmplă oriunde. Ai primit obligatoriu gestiunea veselei și lipsesc linguri și farfurii? E treaba ta de unde faci rost de altele, ele trebuie să fie. Îți lipsește un porc din magazie, pentru că ai făcut tot anul fripturi cadrelor angajate? Ghinion, soldat, caută porcul.

Ce inseamna sa dai lustru? E simplu. Coridoarele dintr-o unitate militara sunt din gresie alunecoasa. Acea gresie, dupa ce e spalata, si asta se intampla de doua ori pe zi, trebuie refacuta alunecos. Modalitatile ar fi doua. Una, ia soldatul o bucata de patura, cam de dimensiunea talpii piciorului, o pune sub talpa, si incepe sa dea din picior inainte si inapoi, pana cand pe patratica respectiva ramane stralucitor. Dupa aceea, se muta o patratica mai incolo. Un hol de genul asta are vreo 30 de metri. O patratica are 20 de centrimetri, si trebuie terminat totul in 10 minute. Altă modalitate este ca doi soldați să ia o pătură întreagă, în care se pune un al 3 lea, pe care îl târăsc în fugă de-alungul coridorului. Aceasta e o modalitate bună și rapidă, dar periculoasă, dacă te întâlnești cu vreun cadru, pentru că, cu siguranță, vei primi o pedeapsă, doar distrugi bunurile armatei române.

Spalatul WC-urilor....acolo sunt de obicei cei pedepsiti, paria. WC-urile se spala intotdeauna cu periuta de dinti, iar rahatul uscat de pe margini se curata cu lama de ras. Desigur, toate ale soldatului respectiv. Cel mai plăcut e când sectoarele sunt anunţate cu o zi înainte. Pentru că toţi "prietenii" plantonului de la WC se vor duce şi se vor căca numai pe lângă vas, să fie bine, ca să nu fie rău.

Dupa un timp chiar nu iti mai e scarba, si chiar vomiti din ce in ce mai rar.

Spalatul vaselor...Teoretic ar trebui sa fie ceva simplu si usor, nu? Cu toata vesela in apa calda, vasele si oalele fiind din inox, s-ar termina repede.

Nu e chiar asa. Vasele se spala afara, la cismeaua din curte, nu in uriasele chivete din interior. La cismea, minune, nu curge apa calda, desi afara sunt minus 20 de grade. Nu ai detergent, pentru ca detergentul furnizat de ministerul de interne spală vase printr-o bucătărie de subofiţer angajat. Si atunci, speli eventialele urme de grasime cu nisip, pentru ca ele trebuie sa straluceasca de curatenie, si sa nu fie unsuroase, altfel te-ai ars.

Si incepe ziua. O sa ajungi la final? O sa fii intreg?

Am ajuns la unitatea de la Băneasa într-o după masă foarte călduroasă, după o escală de câteva ore la unitatea mamă, detaşamentul 2 de la Autogara Obor. La Băneasa trebuia să trecem prin ordalia instrucţiei pentru jurământ. Acel moment solemn prin care orice soldat român trebuie să treacă pentru a putea fi urmărit de poliţia militară, dacă dezertează. Fără glumă, dacă dezertai, nu puteai fi numit dezertor şi pedepsit de un tribunal, pentru că nu depusesei jurământul de credinţă pentru patria pe care o serveai.

POMPIERUL

A fost uşor horror primirea pe poarta unităţii băneasiene. Toţi veteranii erau adunaţi la ferestre şi ne aplaudau cu fluierături şi strigăte de veselie:

– Bine aţi venit, goga!!

– Am scăpat de sectoare, coaie!

– Din seara asta am sclav personal!

– Să fie nuntă!

– Daaaa, nuntă.

A fost nuntă, în prima seară.

Vlădescu a fost mireasa, iar Aripioară, mirele. Eu am avut norocul de a fi cameramanul. Un altul, Moisa, care era cam ţigan şi foarte negru, era cortina. Fraţii gemeni Vlad erau luminile. Sava, un tip înalt şi foarte elegant, era DJ. Sava ăsta avea o poveste foarte ciudată. Deşi peste 20 de ani, locuia cu părinţii, nu avea prietenă şi nu avea, de fapt, prieteni deloc. Toată armata nu au fost în vizită la el decât prietenii săi, iar când a plecat, în ultima zi, nici măcar nu ne-a salutat, şi-a luat părinţii în braţe şi dus a fost. Întotdeauna persoana sa a fost o enigmă pentru mine. Ai fi putut crede că ura pe toată lumea, aşa cum eram mai mulţi. Dar nu era deloc aşa, dimpotrivă, era un tip extrem de curajos şi săritor, te ajuta cu orice ai fi avut nevoie.

Doar că, după ce trecea momentul, pur şi simplu se reîntorcea la ale sale. Care ale sale însemnau cântatul tot timpul şi exerciţiile de beatbox, pe care le învăţam şi eu. Dar, era un băiat foarte bun. Şi o enigmă. La fel cum era şi Răzvan, acum cunoscut drept Răzvan Ciobanu, creator de modă, care şi el mi-a fost coleg. La fel, un tip extrem de săritor, curajos, dar retras complet şi fără nici cea mai mică intenţie de a lega prietenii cu cineva.

Nunta gogoșarilor, la pompieri, e un spectacol. Astfel se cerebra noul ciclu intrat în armată. Atunci mi se părea o umilință extremă, dar acum, privit în urmă, nu e chiar ceva îngrozitor.

Ne-am trezit toți, dintr-o dată, în atenția tuturor dormitoarelor. Ni se părea că suntem mici și goi, expuși în fața tuturor, în timp ce toată lumea ne arăta cu degetul. Adevărul este că eram super haioși, ca niște oi speriate, îngrămădindu-ne ditamai huidumele unul în spatele celuilalt, poate scăpăm neobservați și nu se ia nimeni de noi.

Nunta avea niște personaje cheie, care marcau, nu-i așa, trecerea de la stadiul de copil la cel de bărbat, mirele reprezentând țara care te fute. Sau invers. Sau mireasa. În fine, irelevant, cert e că a fost un circ cu gogoșari.

Mirele și mireasa trebuiau să intre în cameră purtați de nași, printr-o ușă cu cortină. Cortina era colegul țigan, care se dădea la o parte în ritmul în care îl împingeau cei de lîngă culoarul de trecere al mirilor. Cortegiul era filmat de cameraman, care ținea pumnul la un ochi, iar cu mâna cealaltă învârtea o manivelă imaginară, făcând din gură sfrrrrrrrrrrrrrr, în ritmul în care se învârtea filmul. Băieții de la lumini făceau ca ciocul rației din palme, cu mâinile întinse, în timp ce urlau ROȘU, VERDE, ALBASTRU, ALB, REFLECTOARELE LA MAXIM, în timp ce aveau în jurul lor câțiva nefericiți care suflau aburi calzi pe gură, ca să se simtă căldura insuportabilă a luminilor. DJ-ul cânta de zor imnul româniei, îmbrăcat în chiloți și cu o șosetă pusă în cap, cu mâna dreaptă la inimă iar cu stânga mimând că învârte la platane.

POMPIERUL

La un moment dat, nașii se opreau și se făceau scăunele pe care se așezau mirii, în timp ce restul se învârteau în cerc în jurul lor, ținându-se de mâini și cântând în gura mare Ia-ți mireasă ziua bună, bine ai venit la pulă, în rotație. De fiecare dată când se rostea cuvântul pulă, veteranii de pe margine își puneau mâinile la prohab și simulau o penetrare, în timp ce răcneau HUUUUUU.

Da, a fost destul de înfricoșător, la vremea respectivă. Nu puteai să nu te gândești că nu știi unde dracu ai ajuns și dacă mâine dimineață ai rozeta întreagă sau nu. După mai mult timp, am aflat că, de fapt noi, în București, eram protejați și era complet interzis să ni se întâple lucruri rele, pentru că dintre noi, mulți erau pilele și relațiile diverșilor oameni politic ai zilei sau feciori de cadre militare din varii locații. În alte părți însă, nu a fost chiar așa jucăuș. La una din unitățile GAZ, unde se creșteau animale și erau aduși în general cei ce făcuseră așa ceva acasă, gen ciobani, unul din bucureștenii trimiși acolo a fost pus, de bun venit, să le sugă pula, prin ciorap, tuturor veteranilor din dormitor. A fost un circ imens, cu procuratură, închisoare pe mulți ani și multă, multă bătaie pentru cei implicați.

A nu se înțelege că pula sau sexul era vreo chestie tabu în armată. Mersul la târfele de la gară era ceva normal, pe timpul nopții, dar o să revenim la asta. În rest, simulări de acte sexuale din plictiseală sau leapșa pe biscuite. Leapsa pe biscuite, sau pe felia de pâine, e un frumos joc de societate din armata română, joc în care cei implicați stau în cerc în jurul unui scaun pe care stă acel biscuite, în timp ce se masturbează. Fiecare dintre ei ejaculează pe biscuite, iar ultimul care termină, mănânca delicioasele bucate. Da, am participat şi eu, dar pot să spun cu mâna pe inimă că nu am mâncat niciodată aşa ceva. Acum, dacă mă gândesc, unii dintre noi pierdeau cam des.

Nunta s-a terminat cu frumoasă o călătorie cu metroul pentru miri şi nuntaşi. Metroul înseamnă că fiecare dintre participanţi era băcat su pat, cu valiza în faţă, valiză pe care o împingea pe sub paturi, la semnalizarea unor semafoare care strigau verde sau roşu. Semaforul care greşea şi se ciocneau doua valize băga rapid 10 flotări. Rapid, ca să nu cumva să încurce traficul.

Cam aşa s-a terminat prima seară de armată. O nuntă, o călătorie cu metroul, câteva lacrimi scăpate înainte de somn, multă frică, mult dor de casă, de Geani, de viaţa de dinainte. Regretam cu fiecare fibră a fiinţei mele decizia mea. Cum dracu am renunţat eu la viaţa de om normal ca să ajung aici, unde să îşi bată pula de mine nişte analfabeţi?

Am să te aştept

Singurul lucru care reuşea să mă ţină pe linia de plutire , rupându-mi mintea de la iadul zilnic, erau vizitele de sâmbătă şi duminică, când aveai voie să stai, de la 13 până la 17, împreună cu aparţinătorii tăi. Asta dacă aveai aşa ceva, dacă voiau să vină sau dacă aveau bani să vină. Printre noi erau şi oameni care erau aduşi de la mama lui proces verbal, sate din Moldova de care nu auzise nimeni, orăşele ardeleneşti intraductibile sau reprezentanţi de vază al prazului oltenesc, ai căror rude făceau probabil 24 de ore doar pe drum, cu cheltuieli pe care, de multe ori, nu şi le permiteau. De fapt, au existat oameni, precum caporalul Cobiliţă (nu râdeţi, pentru că era foarte mândru de numele său) care nu au primit niciodată vreo vizită, ci doar au avut 2 permisii toată armata, când au fost şi au plecat acasă.

Cobiliţă era o figură. Şi nu neapărat în sensul bun al cuvântului. Era un moldovean lejer analfabet, cu figura spălăcită, adus din adâncimile nepătrunse ale Vasluiului să fac armata la Bucureşti. Sunt aproape sigur că atunci era prima oară când văzuse capitala şi sigur sigur că, în viaţa lui, nu mersese cu un tramvai, pentru că, atunci când făcea de gardă în faţa unităţii de la Obor, era cel mai fericit să vadă cum trec tramvaiele pe acolo.

Moldoveanul nostru s-a oferit voluntar să meargă la școala de gradați, de unde, după o lună a ieșit un foarte vânjos și pregătit caporal. Noi, ca membri de ciclul 1, eram cei mai fericiți. În sfârșit, aveam și noi caporalii noștri, din ciclu cu noi, care să nu ne mai futa cum o făceau cei vechi, care nu ne cunoșteau.

Din păcate, calculul acesta nu a fost real. Dimpotrivă. Cobiliță și cu Tesloveanu, alt caporal voluntar, s-au întors de acolo convinși că sunt cei mai buni dintre cei mai buni și că datoria noastră sfântă era să îi ascultăm ca pe niște mici dumnezei. Tesloveanu era bucureștean, un tip gras, negricios, cu picioare scurte și pula foarte mică. Nu e o glumă, făcând duș la comun, era normal să observăm că Tesloveanu avea un tubuleț care îi ieșea vag din părul inghinal foarte des.

⸺⸺●⸺⸺

VAI, CÂT FUTAI AM PRIMIT la instrucție de la cei doi ipochimeni. Cu siguranță niciunul din cei vechi, care trecuseră deja prin ce treceam noi, nu s-au luat de noi în halul ăla în care se luam moldoveanul și Tesloveanul. Alergări cât ține curtea, la infinit, exerciții fizice la numărătoare, flotări la orice abatere, tot regulamentul îl executau pe spatele nostru.

POMPIERUL

Desigur, erau conştienţi de ura care li se purta, aşa că niciodată nu făcea lucrurile astea decât când era de faţă unul din subofiţerii angajaţi sau comandantul Gărzii de Intervenţie şi Salvare, GIS-ul, cel ce tăia şi spânzura în unitate după ce plecau acasă cadrele şi ofiţerii superiori, plus comandantul unităţii. La fel, nu mai dormeau în dormitorul comun, iar plantonul de noapte era obligat să anunţe subofiţerul de serviciu dacă cineva încearcă să pătrundă în dormitorul caporalilor.

I-am urît mult pe cei doi şi încă pe cineva, un sărac numit Mălăncuş. Dar, după lunile petrecute acolo, ura s-a stins şi mi-au devenit indiferenţi, ne-au devenit indiferenţi tuturor, oricum, după 8 luni de armată, ciclul 3 deja făcea parte din altă lume şi nimeni nu le mai putea ordona tâmpenii fără riscul de a-şi încasa nişte paftale de la curea în gură.

Răzbunarea noastră a fost uşor, doar uşor, mai subtilă. În ultima zi de armată, pe Cobiliţă nu l-am mai prins, plecase de cu noapte, avea tren foarte dimineaţă. Dar Tesloveanu a venit la noi, care eram strânşi într-un loc, cu mâna întinsă:

- Băieţi, mă bucur că v-am avut în subordine, sper că nu există resentimente şi ne despărţim, aşa cum ar trebui, prieteni.

I-am întins mâna și când am avut palma sa întinsă în față, i-am scuipat în palmă cea mai grosieră flegmă pe care o putusem strânge. S-a dat înapoi, mirat și ușor speriat, întorcându-se spre ceilalți din pluton. Care, în mod sincron, l-au scuipat brusc, toți deodată, într-un jet de plăceri carnale. După care ne-am așezat pe bănci, fără să îl mai băgăm în seamă. A plecat, gras, crăcănat, cu umerii aduși, poate atunci realizând că, în loc să își facă prieteni pe viață, și-a făcut dușmani care îl vor detesta toată viața.

Mălăncuș, celălalt personaj detestabil, era un oltean hoț, ca toți oltenii cunoscuți de mine, de altfel. Dintotdeauna m-am gândit că sunt așa din cauză că trăiesc în zonele de sărăcie extremă ale țării și au nevoie de șmecherie ca să supraviețuiască. Înalt, foarte slab, dar vânjos, aplecat ușor de coloană, probabil o cifoză datorată înălțimii neobișnuite în cartierul oltenesc unde crescuse, era genul de viețuitoare pe care nu o suferi, dacă te pricepi cât de cât la oameni. Extrem de lingău cu cei ce aveau putere asupra sa, brutal și crud cu cei din subordinea lui, a ajuns, într-un final, să fie numit la magazie, Dumnezeul fripturilor de porc cu cartofi prăjiți oferite subofițerilor angajați.

Posibil să nu fie un fapt cunoscut, dar în armata obligatorie, soldatul avea un meniu fix, săptămânal, foarte diversificat și cu necesar caloric foarte mare, pentru că pompierii erau armă de luptă care participă la intervenție în activități ce pun viața umană în pericol.

La tabelul din fața bucătăriei era afișat, săptămânal, meniul pe zile. Pilaf de carne, fasole cu cârnați, ciorbă de carne de porc cu tăieței de casă, sarmale cu mămăliguță pripită, mâncăruri demne de un restaurant de lux. De fapt, pilaful de carne era un orez fiert în apă cu ulei și oase, uneori oase refolosite de către tovarășul bucătar ce se ocupa cu pregătirea hranei. Îți scrâșnea pietrișul în dinți și, dacă apucai, scuipai bucățile mai mari de pietricele. Dacă nu, le înghițeai, pentru că, na, se umplea mațul.

Fasolea era cea mai scârboasă dintre toate. Pentru că erau, probabil, resturile de la fasolea care se alegea și se împărțea între cadrele militare. Colcăiau viermii prin ea, bucăți mari de chestii nedefinite, fierte, împreună cu niște resturi ațoase de cârnăciori cu un gust infect. Era simplu să alegi viermii, pentru că erau ușori și plini de grăsime, deci se ridicau la suprafață, pentru că iahnia aia de fapt era o ciorbă ușor mai îngroșată, nu știu exact cu ce.

Ciorba de porc cu tăieței de casă era numită supă de șosete. Tot timpul era extrem de neagră, nu știm din ce cauză, carnea de porc dinăuntru erau niște zgârciuri de pe care îți era silă să iei ceva, iar tăieței de casă nu exista niciodată, nu știu de ce era numită așa. Poate de la varza tăiată fâșii din ea, cine știe.

În același timp, cadrele mâncau la masa din fața noastră, a tuturor. În fiecare zi, același meniu. Friptură de porc pe grătar cu un munte de cartofi prăjiți. Sunt aproape sigur că am ajuns să îmi placă friptura cu cartofi prăjiți și m-am îngrășat ca Hodor din Game of Thrones după lunile în care îmi ghiorțăiau mațele în timp ce priveam cum oamenii de partea celaltă a baricadei mâncau mâncare comestibilă, iar noi stăteam să alegem viermi sau să împărțim la 4 un cubuleț de unt, dimineața, mâncat împreună cu zeama colorată numită pompos ceai.

Iar Mălăncuş era zeul magaziei de unde se aduceau toate bunătăţile pe care noi nu aveam voie să le mâncăm. Ajunsese la gradul acela de nesimţire în care venea la stingere, în dormitor, cu un sandviş făcut dintr-o pâine şi o bară de salam şi mânca în faţa noastră, râgâind satisfăcut şi întrebând:

- Ia ziceţi, bă săracilor, aţi vrea şi voi măcar o gură, nu? Nu se poate, pentru că Mălăncuş este un element important şi de bază în funcţionarea armatei române şi trebuie întreţinut.

Mai grohăia puţin, se ducea la baie, dădea cu pula de chiuvetă, mai grohăia puţin, după care se culca. Serios, plăcerea lui, ajutată şi de faptul că avea o pulă ca un sălămior de Sibiu, era să dea cu pula sculată de chiuvetă, în timp ce urla:
- Fă, te sparg fă, te sparg!
Totuşi, teroare lui nu a durat chiar foarte mult. Unul din fraţii Vlad a ajuns la bucătărie, ajutor de bucătar, moment în care am aflat că micuţul Vlad are un talent deosebit la a subtiliza chestii. Aşa că i-a furat cheia de la magazie mădăgăului, a făcut o copie şi de atunci, lumea s-a schimbat. Dacă până atunci mai furam conserve de carne cu o aţă cu ac de pescuit, strecurată prin geamul de la magazia aflată la demisor, conserve pe care le împărţeam, cu chiu cu vai, în 10, a început şi viaţa de oameni sătui pentru noi.

POMPIERUL

De fiecare dată când Mălăncuș pleca, și pleca aproape zilnic, în oraș, cu diverse comisioane și treburi, 2 țineau de șase, fiind pregătiți să oprească pe oricine ar fi pătruns pe drumul spre magazie, iar unul intra și opera rapid. Doamne, și ce era acolo. Porci întregi, înghețați și puși în frigiderul uriaș, sute de conserve, saci de zahăr, lapte praf și făină, stive de ciocolate chinezești, cutii de lapte condensat, zeci de baxuri de băuturi răcoritoare, tot, ce toa ne-am fi putut imagina era acolo.

Și luam din plin, fără milă. Învățasem un truc de a pune baxurile de sucuri în formații de tringhi, ca să pară că ocupă un palet întreg și lăsam doar marginile, ca ziduri, în interior rămânând practic gol. Haleam conserve de fasole până cădeam lați de la ele. Ne tăiam cu baionetele, singurele cuțite ascuțite din zonă, hălci de carne înghețată, pe care Vlad cel mic ni le frigea pe plită la bucătărie. Clefăiam ciocolată până și dimineața, la apel, atât de nesimțiți ajunsesem. Halul în care se fura acolo era atât de mare încât nimeni, absolut nimeni nu și-a dat seama de asta, deși ne așteptam, la un moment dat, să vină dracului poliția militară, că ni se păruse că am furat deja prea mult. Nu a venit nicio poliție, pentru asta, a venit pentru Tibi, tâmpitul care s-a dus la curve la gară și s-a luat la bătaie cu poliția.

"|"

Geani venea la mine cu precizie de ceasornic. În fiecare sâmbătă și duminică, la ora de vizită, o vedeam cum se instalează prima în fața porții. Și mi se lumina inima când o vedeam, mică și frumoasă, după care mă umflam de nervi când o vedeam certându-se de fiecare dată cu veteranul din corpul de gardă care făcea de pază, care îi cerea să îi lase lui mâncare adusă pentru mine. Mizerabilii profitau de o literă de regulament care le permitea să verifice alimentele şi băuturile introduse pe teritoriul unităţii. Şi nu puteai tu, ca gogoşar, să te cerţi cu ei, pentru că cea mai simplă pedeapsă era să nu te mai lase la vizită. Şi nu îţi era de tine, dar gândul de a-ţi vedea persoanele iubite umilite de către un analfabet care îi anunţa satisfăcut că pot pleca acasă, soldatul nu merită să fie vizitat , te făcea să te urci pe pereţi. Şi suportai, ce era să faci.

Prima oară când a venit, eram tuns zero, cu capul tot roşu, ars de soare de la instrucţie. Mi-a luat faţa în mâini şi m-a privit, cu lacrimi curgându-i pe obraji:

- Of, Cetin, de ce trebuie să treci prin asta şi să suferi
şi tu, şi eu, Cetin...

Nu am ştiut ce să îi zic, în perioada aceea puneam la îndoială absolut orice decizie pe care o luasem în ultima perioadă. Pentru că luam şi o tonă de decizii tâmpite. Una din ele a fost să îmi fac un tatuaj, ca să le demonstrez celor din ciclurile superioare că sunt dur, bărbat şi altele. Tatuajul mi l-a făcut un nebun din ciclul 2, cu un ac de seringă înfipt într-o mină de pix şi cu tuş negru Pelikan, de la librărie. Acul îl băga sub piele, rupea pielea de la suprafaţă, sufla puţin tuş prin mina de pix, după care trecea la următoarea gaură de piele. Mi-am făcut un simbol Yin şi Yang, trasat cu pixul direct pe piele, care arăta de parcă tocmai ieşisem de la puşcărie. Am fost foarte mîndru şi m-am simţit extrem de masculin, o perioadă. Din fericire pentru mine și viitorul meu, probabil din cauza cernelii negre de stilou, s-a șters de la sine în maxim 2 luni. Am fost norocos, recunosc, nu știu ce aș fi făcut acum, cu așa ceva pe braț. Bine, acum am pe braț o cheie franceză, dar despre asta, altă dată.

I-am ținut obrajii în palme multă vreme. Mirosea toată a ceva nedefinit, a dragoste, a cofetărie, a crăciun sau a nisip și mare, ceva ce mă îmbăta și mă fericea doar să fiu lăsat în preajma ei. Am vorbit totul și nimic, ne-am povestit toate prostiile neimportante, stând într-un cocon din care nu mai auzeam nimic și nu mai simțeam nimic decât pe ea. I-am mângâiat obsesiv sânii pe care, în alte condiții, de abia mă lăsa să îi ating, ajungând la performanța de a mă uda singurel în pantaloni. Ciudat și necunoscut totodată, sentimentul de a iubi o femeie pe care nu ai cunoscut-o biblic niciodată. Știam că mă iubește, știa că o iubesc, gesturile de tandrețe veneau normal și nu ne jenam de prezența altora. Și ei, probabil, treceau prin aceleași momente și ne era simplu să ne prefacem că nu vedem. I-am coborât mâna între copase de parcă acolo ar fi fost dintotdeauna locul ei și am simțit-o cum se înfioară și mă acceptă ca fiind acolo pentru totdeauna.

După care am auzit clopotul de la poartă care marca sfârșitul vizitei, rugămințile politicoase ale subofițerului e serviciu ce cerea aparținătorilor să se îndrepte spre poartă, în timp ce nouă ne arăta pumnii pe la spate și momentul s-a rupt. Eram o turmă de băieței care mai aveau un pic și plângeau, cei care aveau prietenă, vizibil excitați și mergând încurcați, femei privind ușor într-o parte, roșii în obraji și conștiente de ce se întâmplase și de momentul de intimitate împărtășit în cea mai aglomerată singurătate de care avuseseră parte vreodată.

ARHI AMETCEA

A fost o noapte foarte agitată pentru mine. Simţeam ceva ce nu ştiam cum să interpretez, o nevoie , o lipsă, o foame nedefinită ce mă îndrepta tot timpul cu gândul spre ea, spre trupul ei, spre noi înlănţuiţi şi pierduţi unul în celălalt. Normal, ca băbat tânăr, suferi de tot felul de fantasme, să fim sinceri, toţi ne-am gândit cum am fute-o pe vecina care trece prin faţa blocului, violând-o obsesiv în toate găurile cunoscute şi mai puţin cunoscute. Dar acum simţeam altceva, simţeam nevoia de a o iubi, de a o proteja, de a o ţine în braţe şi să îi alung fricile şi lacrimile, planul carnal venea undeva pe planul al doilea.

A mai urmat un sfârşit de săptămână. De data aceasta îl aşteptam cu dor, cu intenţia de a profita de dorul meu, de a face orice îmi permite o minimă decenţă. Şi ea a simţit şi a vrut acelaşi lucru. Pentru că, deşi în mod normal hainele ei erau blugi şi tricou, a venit cu o fustă lungă şi largă, care acoperea totul în jurul ei. Şi a acoperit totul, a acoperit mâinile mele care o explorau peste tot, i-a acoperit umezeala care inundase totul în zonă, i-au acoperit ei mâinile care îmi strângeau obsesiv partea din faţă a pantalonilor, fiind practic imposibil să fie altundeva în acele condiţii. Nu a reuşit să îi acopere suspinele care aproape scăpau în gemete de plăcere. Dar nu ne-a păsat. A fost, practic, prima oară când ne-am iubit astfel şi am intrat unul în celălalt, fizic şi mental. Da, poate citind nu pare ceva de care să povesteşti nepoţilor, dar pentru mine a fost şi rămâne unul din momentele în care puritatea şi inocenţa s-au amestecat împreună cu dorinţa şi au gravat, undeva în mine, cu litere de foc, şi iubire, şi sex, şi ură şi tot ce m-a făcut bărbat, de atunci încoace.

POMPIERUL

După ce am chiulit de la jurământ, mi-a dat drumul acasă, pentru prima oară de la intrarea în armată. Pfuai, cum m-am simțit. Liber ca pasărea cerului, pentru un weekend întreg, zburam spre capătul lui 135, ca să plec spre casă. Eram extremd e fericit, pentru că toți ai mei, întru sărbătorirea primei mele permisii, plecaseră la țară, să împăturească vaca-n șură și alte activități educaționale pe care le faci la Moldova. Și aveam casa liberă pentru mine. Și doar Geani, Geani, Geani, Geani îmi fugea prin cap și prin dorințe.

Și cum tot ziceam eu Geani uitându-mă pe fereastra autobuzului, o văd pe Geani la fereastra unui 135 care mergea spre Floreasca, adică pleca spre mine. Eram la Ștefan Cel Mare, nu existau telefoane mobile, urletele prin geamul autobuzului nu se auzeau în celălalt autobuz. A trecut și a plecat, cu mine uitându-mă bouț în urmă și neștiind ce să fac. Bine, știam că va vedea că am plecat și va veni la mine, dar atâtea ore pierdute, se usca ceva în sufletul meu de nervi.

Am ajuns acasă și m-am trântit într-un fotoliu, cu un pahar de vin în mână. Eram fericit, dar nu foarte, mă simțeam incomplet și, în același timp, nu știam ce vreau exact și de ce simt golul acela în mine. Realizam că aveam nevoie să fac dragoste cu ea și să umplem un spațiu ce existase până atunci între noi, dar, în același timp, nu știam dacă cu adevărat vreau asta pentru că o iubesc sau pur și simplu, după atâta timp departe de ea și de orice altă femeie, aș fi simțit același lucru pentru oricine. Și nu voiam să profit de ea doar pentru nevoile mele de moment.

S-a auzit un ciocănit slab la ușă. M-am ridicat din fotoliu și, din grabă, m-am împiedicat de pragul ușii, căruia i-am tras un șut cu degetul mic. Când am deschis ușa, am rămas înmărmurit. Mă privea din pragul ei o fetiță brunetă, cu părul lung, îmbrăcată toată în alb astfel încât, în jurul ei, radia totul a puritate și bunătate. S-a apropiat de mine, m-a mângâiat pe obraz și mi-a șoptit:

- Bine ai venit acasă, Cetin. Te iubesc.

Fiind incapabil să spun ceva, m-a tras de mână spre pat, m-a așezat ușor jos și, fără un alt avertisment, a început să se dezbrace, întâi de bluzița albă, dintr-un material tricotat, cu găuri largi. Sutienul a venit imediat după, lăsând liberi cei mai frumoși sâni văzuți de mine până atunci. După care s-a apropiat de mine, s-a urcat deasupra mea și mi-a apropiat fruntea de pieptul ei. Mirosea a proaspăt, a bine, a tot ce visasem că ar putea fi acolo.

Nu știu când au dispărut hainele de pe mine, în niciun caz atât de romantic, dar cu siguranță mult mai rapid. Au urmat pantalonii și chiloții ei, de data asta într-o grabă febrilă, pentru că voiam să o am și nu mai voiam să treacă nicio secundă în plus până se va fi întâmplat.

Aproape brutal, am întins-o în pat, în timp ce cu o mână îi forțam picioarele să se depărteze.

- Nu, nu așa, iubitule. Te-am așteptat prea mult, vreau să te văd și să te iubesc.

POMPIERUL

M-a împins ușor la o parte și s-a urcat deasupra mea. Poate unul din cele mai frumoase momente din viața mea a fost acela. Era atât de excitată încât fizic, cu ochiul liber, se vedea cu i se prelinge pe coapsa tot acel lichid al ei.

- Nu, nu mă atinge tu, te rog. Lasă-mă pe mine.

Și am lăsat-o. Mi-a pus mâna pe penis, a mișcat-o de câteva ori, de m-am speriat că e gata și atunci urma să termin, după care a intrat, încet, foarte încet. Ea în mine sau eu în ea, nu am știut niciodată dacă pot face diferența. A gemut încet, la început, după care a scos un țipăt mic, când am simțit că s-a înlăturat o bariera și am intrat mai ușor.

- Stai, ce faci, e prima oară?

- Da, e prima oară, mi-a acoperit ea șoapta cu buzele, în timp ce se mișca ușor, lăsând să treacă valuri de căldură și frig, simultan, prin mine.

Am simțit că se apropie momentul când trebuie să termin și am vrut să o scot afară din mine.

- Nu, termină în mine. Acum și aici, te rog, hai, mai repede, vreau să simt că mă umpli cu tine.

Am terminat atunci. Am mai terminat după aceea, dar împreună, în timp ce o posedam, fiind deasupra ei și stăpân, și iubit, modelând-o mică, în brațele mele și strângând-o toată în mâinile ce o frământau ca pe cocă. Ne-am avut, unul pe celălalt, timp de ore întregi, fără ne săturăm. Poate de 12 ori, poate de 16, poate de 20. De multe ori. Ne-am oprit pentru că eu nu mai simțeam nimic, iar ea era toată o rană, iar patul devenise un amestec de transpirație, suc dulce de Geani, spermă, sânge și lacrimi.

Stăteam amândoi pe fotoliu și priveam albul pereților, încercând să ne tragem respirația, moment în care mie îmi vine ideea genială de a spune:

- Tu ai făcut asta doar ca să îi faci în ciudă lui Floarea Cioacă, nu?

Am spus multe prostii în viața mea. Prostii la care nici măcar nu pot să mă gândesc, pentru că mi se face rușine mult prea grav de ele. Actualei soții, de exemplu, i-am zis, de emoție, când ne-am întâlnit prima oară:

- Arăți mult mai bine în fotografii decât în realitate.

Dar atunci cred că a fost cea mai mare prostie, trântită în cel mai prost moment posibil.

S-a ridicat tristă din brațele mele și mi-a șoptit:

———●———

- Cetin, ești un bărbat minunat, câteodată. Câteodată ești un copil minunat șitrăiesc de dragul de a iubi și proteja acel copil. Dar câteodată ești și cel mai dobitoc om pe care îl cunosc. Aș vrea să merg acasă, acum.

NU ȘTIAM CE SĂ ZIC și simțeam instinctiv că orice aș fi spus, ar fi fost o idioțenie și că cea mai sigură chestie pe care o puteam face era să tac din gură.

Am mers pe jos tot drumul până la ea, tăcuți și gânditori, desigur, fiecare din alt motiv. Ea pentru că se simțea rănită, eu pentru că eram idiotul satului. Ne-am despărțit în fața scării. S-a ridicat pe vârfuri, m-a sărutat pe buze și mi-a zis:

- Din păcate, oricât de idiot ai fi, rămâi idiotul meu. Ne vedem mâine, dumbo. Du-te și te oblojește, că ai mers crăcănat tot drumul.

Am plecat zburând de fericire. Pentru că nu făcusem chiar o ireparabilă și ar fi fost incredibil. Să îmi dau seama că iubesc o femeie complet și irecuperabil și să o fut și pe ea, și relația, în același timp. Asemenea record, mai rar, nu?

Jurăm, dar nu mai bine ne vedem de ale noastre?

Pe vremurile armatei obligatorii, orice soldat român devenea soldat adevărat doar după ce depunea jurământul militar. Până nu depuneai jurământul de credință și supunere față de statul bun, blând, drept și ocrotitor, Poliția Militară nu avea ce să îți facă, dacă evadai dintre gardurile unității, altceva în afară de a te aduce înapoi, cu niște meritate șuturi în cur.

Crezusem că e doar un mit, împrăștiat de bătrânii din ciclurile mai mari, până când, într-o seară, a evadat Vlădescu. Evadat e mult spus, la urma urmei, nu a făcut decât să sară gardul unității și să plece relaxat la tramvaiul care l-a dus acasă. Problematic a fost doar pentru santinela care era de gardă pe sectorul respectiv de unitate, care săraca santinelă cred că a alergat cu un furtun deasupra capului până când i s-au scurtat mâinile. Îl vedeam cu milă cu cade, rămâne în genunchi câteva zeci de secunde, scutură din cap și se ridică, luându-și iar în brațe instrumentul supliciului său. Pentru că varianta cealaltă era să fie trimis în fața Curții Marțiale și, ulterior, în Batalionul Disciplinar, adică închisoarea armatei. În armată, îndeplinirea cu deficiență a îndatoririlor de santinelă e un lucru foarte serios.

Nu s-a întâmplat în timpurile mele, dar știu cu siguranță că, la unitățile Ministerului Apărării Naționale, erau constituite echipe care furau steagurile unităților. Fiecare unitate are un steag de luptă, steag care este, de regulă, expus lângă biroul comandantului, cu o santinelă care îl păzește 24 din 24. Iar dacă acel steag este furat, unitatea respectivă se desființează. Desigur, scriptic, ea reînființându-se pe loc, dar pentru comandantul său rămâne o bilă uriașă legată de glezna carierei sale. Bine, unele povești erau cu santinele rămase cu gâtul tăiat prin post, dar sunt 99,9% sigur că erau doar povești nemuritoare, spuse doar pentru înfricoșarea gogoșarilor care prindeau post de gardă noaptea.

L-au adus pe Vlădescu a doua zi. Normal, l-au cules din patul nevesti-sii. Săracu, a coborât din duba Poliției Militare luând numai paturi de armă în cap de i se auzeau urletele de la 1 kilometru. Nu puteai fi trimis în fața Curții Marțiale, dar puteai lua liniștit bătaie.

După ce am mai analizat noi situația, de fapt lui Vlădescu i se făcuse o favoare. Exceptând bătaia, desigur. Pentru că primise, drept pedeapsă, 2 săptămâni de arest. Arest care însemna că nu mai făcea tâmpita de instrucție pe care o făceam noi, ceilalți, pentru jurământ. Adevărat, era obligat să stea în picioare de la 6 dimineața până la 10 seara, când îl lăsau să desfacă patul din perete și nici pe jos nu putea sta, pentru că îi aruncau, din oră în oră, câte o găleată de apă pe jos. Dar, în principiu, te mai descurcai, mai vorbeai cu santinela de la arest să se facă că nu te vede că stai pe scaun sau aveai noroc să fii pe bune cu comandantul gărzii, cum se avea Vlădescu, erai ca și cum ai fi fost liber.

Iar noi...noi eram în iad.

Pe lângă antrenamentul normal, de pompieri, trebuia să facem și pregătirea pentru depunerea jurământului. Care pregătire era concretizată foarte simplu în pas de defilare, timp de 8 ore pe zi, în jurul platoului. Pentru că toți trebuia să defilăm în acel pas de gâscă rusesc, deodată, simultan și orgasmatic. Și mai era cum mai era cât timp am făcut asta în jurul platoului din unitate. Aveai, măcar o treime din drum, umbră de la hangarul mașinilor, mai erau copaci, mai venea cineva de la bucătărie și ne dădea niște oale cu apă, cât de cât uman.

Dar în ultimele săptămâni, defilarea trebuia să aibă loc pe stadionul pompierilor de lângă mănăstirea Cașin. Ca să defilăm, nu-i așa, toate unitățile în același timp, să crească pipota în domnul general, cine o fi fost ăla, care avea onoarea de a ne păstori destinele.

Știți ce e acela pas de defilare? E pasul prin care soldații, pe vremea respectivă, înainte de a intra în NATO, își distrugeau sănătatea, rinichii, tendoanele și ligamentele. Trebuia ridicat piciorul până la nivelul șoldului, după care trântit cu forță de pământ, în același ritm cu ceilalți din jurul tău. Încercați să faceți asta 5 minute, încălțați comod, cu ce adidași de calitate vreți voi. După care imaginați-vă că noi făceam asta încălțați în niște cizme noi, tari ca piatra, cu niște tălpici parcă din tablă care, după primele 2 zile, ne lăsaseră călcâiele sângerânde și degetele pline de pustule dureroase, ce palpitau la fiecare bătaie de inimă.

Aducerea lui Vlădescu mi-a deschis ochii, de fapt. Pur și simplu nu realizam de ce dracu eu, ca pompier, trebuie să fac rahaturile alea care nu foloseau nimănui decât orgoliului unui comandant de unitate dement, ce se hrănește cu sângele unor amărâți aduși să își facă așa zisa datorie către țară și popor.

Și am început să caut soluții care să mă scoată din unitate. Singura mea salvare era internarea în spital, pentru că, în altă parte, unde să fugi, în mod legal, din capcana unde intrasem singurel?

POMPIERUL

Prima încercare a fost mâncatul de ouă stricate. Am lăsat trei zile, în soare, două ouă fierte, pe azbestul de pe căbănuța cu materiale de stingerea incendiului. Puțeau atât de îngrozitor când le-am curățat, încât singura soluție pe care am găsit-o, ca să le înghit, a fost să le tai în bucățele mici, iar fiecare bucățică să o învelesc în celofan, după care să le înghit.

Am sperat că o să cad secerat a doua zi după ce mănânc chestiile alea. Visam hepatite, ciumă bubonică și spaniolă, lepră agravantă, SIDA și varicocel. Din păcate, mă simțeam mai bine decât la început, parcă înghițisem un pic de piatră filozofală, nu ouă stricate în cel mai brutal mod.

Seara, în timp ce spălam vasele, mă confesam bucătarului de jurnă.

- Nu știu, coaie, cum să fac să mă îmbolnăvesc de ceva și să scap, că eu mor cu defilarea ăstora. Am mâncat ouă stricate și mi s-a făcut tenul catifelat ca piersicuța, ce dracu să iau ca să ajung la spital?

- Bă tontule, dacă vrei să te îmbolnăvești de ceva, trebuie să cauți o boală care nu îți fute sănătatea definitiv, că mai ai viață și după armată, cretinul taichii. Cum să încerci să te îmbolnăvești de hepatită, boule? Nu ai viață, nu ai familie, nu ai femeie?

I-am dat dreptate, desigur. Asta nu m-a împiedicat ca, după mai multe luni, când eram în spital și nu aveam chef să mă întorc la unitate, să îmi tai unghiile și pielițele cu unghiera unuia bolnav de hepatită C, sperând că mă îmbolnăvesc și eu. M-am îmbolnăvit pe dracu', nu am avut nimic niciodată.

- Prostea, fii antenă. Dacă vrei să ieși din unitate, cel mai simplu mod e să mergi la nentu sanitaru' și să îi ceri o seringă mică. Scuipi în seringa aia cât poți tu și vrei, aștepți să se așeze lichidul, după care...bă, gogoșare, AȘTEPȚI SĂ SE AȘEZE, că dacă bagi aer în tine, crăpi ca libelula la lumânare, da?

- Da, boss, am înțeles.

- După care injectezi chestia aia sub piele, unde ți se pare ție că ar fi mai suportabil pentru tine. O să faci un furuncul de o să îmi mulțumești, în câteva ore și pleci la spital. Acolo, te descurci tu.

Beton idee. M-am dus, am făcut rost rapid de un pachet de Rothmans și am fugit la sanitar.

- Dom caporal, am nevoie de o seringă mică.

- La ce ai tu nevoie de seringă, goga?

- Secret, nu pot să zic, dar e de bine.

- Goga, dacă mă bagi în belele, te belesc, îmi fac datorie de onoare să te fut tot restul vieții mele aici.

- Nu, dom caporal, așa mă știți pe mine?

Mi-am luat seringa și am tulit-o la baie. Am scuipat în ea, dar mi s-a părut scuipatul meu prea curat și sănătos. Adică cum să fac furuncul de la propriul scuipat, nu?

POMPIERUL

Așa că am răzuit și puțină mizerie praf de la baza unui wc, pe care am adăugat-o în cocteilul de salivă din seringă. Acum întrebarea era, unde să îmi fac furunculul? Pe mână? Nu era mare brânză, putea să îmi zică să pun un pansament și să îmi văd de treabă. Pe picior? Nu prea vizibil și nu foarte convingător.

Singura decizie inteligentă și bărbătească pe care am văzut-o eu atunci a fost să mi-l fac între buci. Eram sigur, în mintea mea, că trebuie să fie îngrozitor de dureros, ca să nu trebuiască să mimez nimic, nu aș fi putut sta în picioare, nu aș fi putut merge, tot ce e necesar pentru internare. Iată cum, bărbătește, mi-am desfăcut bucile în oglindă, am tras la sorți că buca stângă e cea care trebuie să sufere, am înfipt acul sub piele și am apăsat. O ușoară usturime și cam aia a fost, acum nu trebuia decât să îmi aștept fericirea.

Care fericire a venit a doua zi de dimineață, la prima oră. Când să sar jos din pat, auci, durere în fund. Amețit de somn, nu mai țineam minte ce am făcut, așa că îmi treceau prin cap tot felul de chestii, cum ar fi fost că tocmai mi-am pierdut, în somn, virginitatea anală. Pentru că de ce nu, la urma urmei, pe vremea aceea Rohipnol se dădea la liber la farmacie, fără glumă, îl folosea maică-mea pe post de somnifer.

M-am dat jos din pat, băi, deci durere de durere, nu glumă. Mi-am pus mâna la fund și am găsit sursa durerii. O minge de tenis, umflată sub piele, care se zbătea, ustura și durea în același timp și nu mă lăsa nici măcar să am chiloți pe mine, dar să mai și merg sau ceva.

Am ieșit șontâc-șontâc la adunare, cu toate durerile lumii adunate în curul meu, blestemând ideea de a-mi dori furuncule și alte prostii, când vin cu atâta durere la pachet.

ARHI AMETCEA

- Soldat Ametcea, mărește pasul, că nu suntem la promenadă, soldat!

- Să trăiți, permiteți să raportez, nu pot, am răcnit eu de la distanță, în timp ce nu mărisem viteza nici măcar cu un centimetru.

- Soldat, comentezi, futu-ți crucea mă-tii de turc? Culcat!

M-am culcat, ce căcat să fac, să comentez cu tâmpitul? Am rămas acolo, gândind la ziua de mâine, realizările oamenilor muncii, furuncule și altele, filtrând în exterior urletele care se auzeau pe fundal, îndreptându-se spre mine.

- Drepți! s-a auzit un urlet. Nebunul ajunsese în fața mea, pus pe fapte mari și pe omor.

- Soldat, de ce nu miști?

- Am un furuncul, dom' sergent...

- Și dacă ai furuncul, ce, soldat, crezi că lumea se oprește că ai făcut tu buba? Să vezi ce te fut eu azi special, mitici împuțiți ce sunteți voi!

Săracu de el nu reușise niciodată să priceapă cum sunt eu turco-tătar, dar de fapt moldovean, crescut în bucurești. Mintea sa de țăran de Sibiu nu concepea amestecurile astea sangvine.

- Unde ai furuncul, soldat? Ia arata-mi, să văd eu.

POMPIERUL

Nu am comentat, mi-am desfăcut catarama și, până să aibă el timp să comenteze, mi-am dat pantalonii jos și m-am întorc cu curul la el, desfăcând-mi bucile. Venise și miraculosul moment în care îmi arătam gaura curului unui gradat de armată, savurând maxim sentimentul.

- Soldat, ce căcat e aia, soldat? De ce nu ești la infirmerie deja, vrei să sabotezi armata? Pantalonii pe tine și pas alergător la infirmerie. Bine, lasă pasul alergător, mergi dracului mai repede și caută-l pe infirmier, să mergeți la spital.

Infirmierul dormea, desigur, ca porcul. Fiind sub directa comandă a comandatului de unitate, nu îi păsa de nimeni și nimeni nu avea putere asupra sa. Dormea în ultimul pat din dormitorul gradaților, cu sforăituri.

- Dom caporal, ne trezim și noi?
- Ce vrei, bă, gogoșare?
- M-a pus dom sergent să vă trezesc, trebuie să mergem la spital.
- Crucea mă-tii, cu seringa ta cu tot, ce ți-ai făcut.

Fără un cuvânt, mi-am dat iar pantalonii jos, bucile desfăcute, emoție și fericire achieved. Serios, nu cred că, după acel episod al vieții, mi-a mai văzut cineva fundul atât de în amănunțime, exceptând doamnele cu care m-am posedat de-a lungul timpului.

- Ametcea, tâmpitule, ți-ai băgat scuipat sub piele!

- Nu știu despre ce vorbiți, dom caporal, eu voiam să îmi fac un tatuaj cu seringa, nu am treabă cu ce ziceți dumneavoastră acolo.

- Omul lui dumnezeu, poți să faci un căcat grav de tot din asta, puteai să faci o embolie, poți să faci septicemie, poți să faci o grămadă de căcaturi. Ce pula mea a fost în capul ăla al tău?

- Ce să fie, dom caporal, zamă, l-am pastișat eu pe idolul meu, Mușatescu, în timp ce zâmbeam tâmp, într-un colț de buză, pentru că restul era schimonisit de durere.

A chemat salvarea, că nu aveam cum să mă mișc, eram vizibil handicapat, deja nu mai puteam mișca piciorul niciun centimetru fără să am niște dureri groaznice. Am ajuns la spitalul Colentina, care pe vremea aceea avea un înteg corp dedicat militarilor în termen.

La Colentinta, m-a luat la consultație un maior plin de scârbă monumentală. Se vedea pe el cum curge disprețul față de untermenschul care venise la consultație în fața sa.

- Hai, bibane, sus pe masă și crăcănează-te.

Așa am văzut și eu cum e să stai pe masa de ginecologie, cu picioarele agățate în suporții āia care te țin desfăcut și pregătit de extracție, incizie, inserție și ce le mai face doamnelor în timp ce sunt acolo. M-am urcat, dezbrăcat în fundul gol, îndurerat, ușor rușinat, ușor umilit, mi-am fixat picioarele în suport și am început să mă uit în tavan.

POMPIERUL

M-am uitat doar câteva secunde, pentru că măcelarul respectiv a apăsat brusc pe mingea mea de tenis dintre buci, făcând-o să se spargă și, pare-se, stropindu-l cu diverse materii ce clociseră în mine.

- Băga-mi-aș pula de jegos cu furunculul tău, că m-ai stropit tot. Fi-r-ați ai dracului de animale de țărani, că vă aduce din toată lumea, împuțiților, nespălaților!

Ce dracului să îi mai zic, că nu mai aveam timp să îi explică că eu, cu siguranță, sunt mai bucureștean decât ardeleanul cu accent care era el, din cauză că, pe mine, mă durea foarte tare în curs.

- Soldat, trebuie să te operăm.

- Operați-mă, dom maior, dacă așa e nevoie.

- Din păcate, soldat, pe infecție nu prinde anestezia, așa că va trebui să fii bărbat și să suporți.

Până să apuc să zic eu că stai, ce bărbat, că nu le am cu durerea, deja simțeam prima tăietură.

Sunt un vechi posesor de pietre la rinichi. Prima oară am făcut pe la vreo 17 ani și, pe cuvânt, durerea este cruntă. M-am uitat pe un index al durerii și se pare că este pe undeva pe acolo pe același plan cu nașterea. Și, pe durata vieții, am mai avut câteva crize de pietre la rinichi, iar durerile nu s-au diminuat niciodată. Și acum, când scriu asta, se face pielea de găină pe mine, de frica faptului că aș putea face din nou o criză.

Dar niciodată nu m-a durut ceva atât de tare cum m-a durut atunci. Am urlat cât am putut eu de tare, sperând că eliberarea de endorfine provocată de urlet îmi va mai calma durerea. De unde, durerea era acolo. vie, pulsatorie. Pentru că îmi curăța rana pe viu, cu un bisturiu în formă de romb, pe care îl introducea în carne, de unde tăia cu poftă, bucățelele infectate. Totul fără nicio urmă de anestezie, doar din când în când câte un urlet de

- Taci, bă pizdă ce ești, grijania mă-tii, dacă erai pe front, tot așa urlai, sub tirul inamic?

Am sperat să leșin de durere, dar nu am leșinat. Am simțit fiecare moment al operației, fiecare mișcare de bisturiu, fiecare curățare. Ba chiar a scăpat bisturiul în gaura rezultată și se amuza cu infirmiera că, dacă era operație pe bune, făcea cusătura și îl lăsa acolo, să vedem dacă face pui.

După ce s-a terminat, a îndesat înăuntru un manșon lung și gros de cauciuc, împreună cu pansamente, m-a dat jos și m-a îmbărbătat.

- Hai, țărănușule, că nu a fost mare lucru, fuga marș la salon, să ți se dea tratamentul.

POMPIERUL

A fost drăguță perioada petrecută în spital, departe de milităria tâmpită și instrucția vieții. Singurele lucruri nasoale au fost cele 99 de oxaciline pe care a trebuit să le fac în venă, pe parcursul perioadei de recuperare și cutia de ness săptămânală pe care trebuia să o dau asistentei șefe ca să nu îmi facă Moldaminul obligatoriu în cur. Chiar nu credeam că mai sunt capabil de a suporta și durerea unui moldamin, acea brânză groasă , ușor lichidă, care trebuie introdusă cu forța și cu seringa în fund.

Dar scăpasem de instrucția pentru jurământ, scăpasem de armată, eram laolaltă cu tot felul de tipi, care de care mai inventiv, toți ajunși acolo cu același scop, de a scăpa, cât mai mult timp posibil, de armata vieții.

Iar faptul că stăteam în spital făcea și viața mult mai simplă. După masă, după ce plecau cadrele spitalicești militari angajați, luam hainele civile și duși eram, fiecare pe la cășile lor. Mama era deja sătulă de cât veneam acasă, plus plocoanele pe care trebuia să le dea pe ici și colo, ca să faciliteze o ședere cât mai lungă.

Singura care se bucura cu adevărat că mă vede era Geanina. Era la fel de fericită și iubitoare, chiar dacă mă vedea în fiecare zi. Dacă nu reușeam eu să plec, în fiecare după masă, la ora 16 se înființa la poarta spitalului, mică și fragilă, gata să intre la vizita bolnavului. Care bolnav numai bolnav nu era. Profitam de faptul că spitalul era foarte mare, cu multe zone verzi și găseam în fiecare zi un loc nou unde să ne giugiulim toată ziua, să mai scăpăm o mână pe țâțică, o alta pe pizdică, toate cu scopul nobil de a ne iubi în pofida lumii și a sorții. Asta, desigur, dacă nu găseam unul din apartamente disponibil, ca să ne putem iubi și la propriu, nu doar el fugitivo.

Doamne, și cât ne iubeam, și cât de strâmtă era, și cât de repede și de mult se uda de plăcere. Și cât de deschisă era la toate, totul pornind de la fetița mică și nevinovată pe care o cunoșteam. Iar fetița mică și nevinovată ajunsese la performanța de a-mi face sex oral, la ea în casă, în timp ce părinții erau în camera alăturată, iar noi în bucătărie. Acum, Floarea Cioacă începuse să mă accepte, făceam armata, nu mai eram chiar vagabond. Nu, nu eram la nivelul necesar fie-sii, dar cât de cât. Iar noi ne răzbunam copilărește pe ea, făcând toate tâmpeniile sexuale care ne treceau prin cap, având-o pe ea în apropiere. Cum ar fi că stăteam de vorbă, în bucătărie, toți trei și, la un moment dat, ajunsesem cu un deget în fundul Geaninei, pe sub fustă, în timp ce maică-sa ne explica despre viitorul nostru ca adulți și cum trebuie să fim serioși și să avem întâi grijă la cariere, nu la prostii adolescentine.

După care a venit bomba.

Moartea unui pompier

— Turcule, dă-te jos de acolo, că te pupă mă-ta rece și e păcat de ea!

Majorul Cristi Fugaciu, cel mai dumnezeu om cunoscut de mine în armată, de un bun simț și un sens al dreptății legendare, îmi dăduse porecla Turcu. Degeaba i-am explicat eu că sunt tătar la origini, reacția a fost *Vrei să pierd o oră să îți zic numele?*

Pe de altă parte, mă enerva că nu putea adormi decât dacă îi făcea cineva masaj înainte de somn și pe mine căzuse măgăreața de a-l adormi. Din cauza lui am rămas cu o ură profundă față de masaje, orice ar însemna ele, nu fac și nu suport să mi se facă masaj. Toate gagicile mele, de-a lungul timpului, obișnuite că trebuiau să își maseze foștii, rămâneau mască de fericire când mă strâmbam dacă puneau mâna pe mine.

Eram la unul din primele incendii din cariera de 182 de incendii stinse de-a lungul unui an. Ardea în draci o casă cu două etaje, iar eu, cocoțat pe un pervaz de fereastră, la etaj, țineam de furtun și dădeam cu spumogen la greu, pentru că nu se găsea tabloul de siguranțe și trebuia să facem rapid ceva împotriva focului.

Știți ce predomină la un foc?

ARHI AMETCEA

În primul rând frica. Frica terifiantă, pentru că focul acela înseamnă moarte reală, palpabilă. Frică, pentru că, alături de tine, în moartea din jurul tău, sunt prietenii tăi, oamenii cu care ai împărțit jumătate de biscuite când ți-era foame, oamenii care te-au scos târâș din alte focuri, când nu ai mai putut. Frica e elementul cheie, pentru că, în jurul ei se țes toate celelalte senzații.

Focul urlă. Nu știu cum să explic altfel sunetul care se aude. La cel mai mare incendiu la care am fost, la care luase foc un bloc întreg dintr-o unitate militară, pur și simplu, pe o rază de mulți metri în jurul focului, nu te puteai înțelege om cu persoană din cauza urletului flăcărilor. Desigur, mai erau și exploziile cartușelor din lăzile cuprinse de flăcări, dar acelea deja intră iarăși la capitolul frică. Dar mai târziu despre ea.

Revenind la urlet, cel mai greu e să îți învingi instinctul de a fugi departe de el. E obligația ta să intri acolo și să oprești urletul. E obligația ta să intri și să salvezi ce se mai poate. E obligația ta să faci totul și, dacă ai ghinion, să mori încercând. E teribil de greu să învingi vocea din cap care urlă, încercând să acopere zgomotul *Fugi, fugi, dă-i dracului, o să mori pentru niște necunoscuți! Fugi!*

Dar nu fugi. Pentru mulți dintre cei ce intră în foc, pericolul, adrenalina, fac parte din viața lor. Nu ar mai putea trăi fără asta și, cel mai probabil, ar ajunge să facă bungee jumping de pe stânci, ca să poată simți măcar o părticică din adrenalina de la foc.

POMPIERUL

Moartea. Cea mai hâdă parte. Inevitabilă și ireversibilă. Întotdeauna, la incendiu, te vei lovi de ea. Îți vor muri colegi și prieteni, sau vor fi schilodiți pe viață. Vei găsi oameni morți sau, așa cum a pățit un prieten care nu mai e sănătos de-atunci, calci fără să vrei pe un copil carbonizat, care se sfărâmă sub talpa ta. Și tu trebuie să îl scoți de acolo. Să îl dai unei femei nebune de durere și să pleci înapoi. Poate ai noroc și ceilalți copii sunt întregi. Deși, când ai găsit un copil mort, șansele sunt ca toți ceilalți să fie morți.

Moartea mea a fost atunci când am scos o bătrână, moartă în pat și coaptă de la căldura flăcărilor. În mod ciudat, câmpul de ardere nu a ajuns la ea, doar a dogorit-o. Mirosea a friptură la cuptor și, când am luat-o de mâini, carnea i s-a cojit de pe oase ca de pe un pui bine făcut. Sunt nopți în care visez asta. Nu vrea nimeni să știe în ce fel de variante.

Da, dacă erați curioși, ăsta e focul. Urlet și moarte. Coșmaruri și rar, bucurii. Dar mai mult urlet.

Când vedeți mașini de pompier în trafic, dați-vă la o parte. Coșmarurile oamenilor aceia voi nici măcar nu vi le puteți imagina.

Pe la jumătatea ciclului 2 am fost făcut telefonist. Telefonistul e cel ce preia mesajul de incendiu, după care se aruncă în bocanci și prezante și duce mașina la incendiu. Desigur, se presupune că respectivul telefonist cunoaște zona și, ce e mai important, știe să umble cu harta specifică, hartă care e o cărțulie micuță, foarte inteligent făcută, cu zonele defalcate pe pagini și carouri cărora le correspondau litere. Extrem de simplu, dacă ți se dădea strada, căutai pagina și litera și o găseai instant.

No bine, prima seară de serviciu, primul **telefon**, primul incendiu. Deși în practică, nu era chiar primul incendiu la care participam, mi se uscase gura de frică. De data asta nu mai era joacă, eu eram responsabil să duc o mașină cu 9 tone de apă și 6 oameni până la locul unde ardea agoniseala de o viață a unor oameni.

Strada se numea Măgura Vulturului, undeva între Gara de Est și Pantelimon. Am dat alarma, am sărit în bocanci, fuga jos la mașină și hai. Întuneric beznă, desigur, iluminatul public nu era cea mai reprezentativă chestie pentru bucurești. Șofer era un plutonier adjutant șef foarte bătrân, trecut prin foarte multe. Practic, echivalentul unui general pentru gradele inferioare.

Omul m-a citit că sunt căcat pe mine de frică și m-a luat la mișto:

- Hai turcule, du mașina la incendiu, oamenii se bazează pe tine, poate chiar în momentul ăsta oameni își pierd viața și tu te mocăi cu harta aia.

Normal, m-am făcut și mai verde decât eram, nici nu mai știam cum să țin cartea aia, aveam tot timpul impresia că e cu susul în jos, 2 mașini stăteau pe loc în spatele meu, meseriașii mei colegi râdeau pe înfundate și scoteau sunete gen *ah, mă arde, vai, nu e nimeni să îmi salveze viața.* Pfuai, simțeam că încep să simt viteza de rotație a pământului și de nervi și de frică și de rușine și de tot.

Așa că m-am enervat și le-am zis TOT ÎNAINTE, cu speranța în Buddha și cruce, că altceva nu aveam. Norocul chiorului(no basescu implied) a fost că în capătul următoarei străzi era un tip care dădea din mâini cu frenezie, *haidi bă, că e aici în capul bulivarului.* Haidi then, să mergem.

POMPIERUL

Bine, capătul bulevardului era undeva la dracu, dar până la urmă l-am găsit, fără să ne mai uităm pe hartă, că era ditamai pălălaia de foc.

Ajungem la incendiu, durase ceva gen 4 minute cu totul, ne dăm jos din mașină, apare clasicul proprietar cu un topor în mână, hotărât să ne dea în cap că din cauza noastră îi arde lui casa, un coleg cu un târnăcop îl potolește, eu caut un cearceaf pentru doamna casei, care era în chiloți și zbiera *copilul meu, copilul meu*, de intrase toată lumea în sperieți, că nu mai avea cum să supraviețuiască acolo nici un gândac de colorado, dărămite un copil, după care a realizat că de fapt copilul e la țară la bunica, dar *putea să fie un copil acolo, unde pula mea ați stat atât?*

În fine, se intră înăuntru, se dărâmă tot, ca să îi mulțumim tipului cu toporul când **ninoninonino**, auzim sirene de pompieri. Dafuq, cine a cerut întăriri?

Nu ceruse nimeni, ajunsesem la alt incendiu, care era al altei unități. Noi dădusem confirmarea prin stație că suntem acolo, nimeni nu s-a sinchisit să se uite la adresă și aia a fost.

Trist. Nu vă imaginați câte roți de APCA (autopompa cisterna cu alimentare cu apa) am dat cu cremă de ghete neagră. Drept pedeapsă. Dar a fost momentul în care am realizat că stau foarte prost cu orientarea în spațiu. Din păcate, am rămas același bărbat care nu cere indicații nimănui, indiferent de situația în care este, lucru care mi-a adus rătăciri monumentale, cum a fost când am ajuns în Grecia în vârful fizic al unui munte mic, astfel încât nici măcar nu aveam unde să întorc, de stăteam ușor năuc, în fața mașinii, cu o mână în cap, gândind ca ardeleanul *Mno, și acum ce?*

ARHI AMETCEA

Am fost, în viața mea, la 2 evenimente extrem de grave. Primul a fost prăbușirea avionului de la Baloteşti şi al doilea a fost atunci când a ars o unitate militară de lângă Bucureşti.

Era frig rău, undeva prin februarie, cred. Dormeam de maxim o oră, când s-a auzit un urlet ce însoțea sirena de alarmă:

- Jos din paturi, hai, toți ciclul 2 şi veteranii, gogoşarii rămân pe loc! Hai, repede, că e rău de tot.

Am sărit repede jos, am luat cămaşa pe mine şi hai la maşini. Afară, un frig de crăpau pietrele. În faţa unităţii, toate maşinile scoase, deja cu motoarele pornite, soferii înăuntru, doar GIS-ul, comandatul gărzii de intervenţie şi salvare era jos, făcând trei trei:

- Hai, bă băieţi, că trece baba cu colacii, echiparea în prezante şi sus în maşini, că e groasă.

- Nu e groasă, majoru', e medie, hăhăhăhă

- E o pulă, mişcaţi-vă cururile, că nu e de râs.

Ardea unitatea militară de la Clinceni (din motive obiective, după o consultare cu unul din prietenii mei de la Pompieri, sunt obligat să înlocuiesc numele real al unităţii).
Şi cum ardea...

POMPIERUL

Unitatea era un şir lung, lung de clădiri lipite între ele, clădiri care ardeau toate, integral, cu flăcări uriaşe. Atunci am realizat ce înseamnă cu adevărat frica, teroare că da, e posibil ca atunci să fie momentul când mor. Pentru că dacă vezi o clădire cu patru etaje, lungă de un kilometru, care arde cu flăcări până la cer, începi să îţi conteşti imortalitatea, chiar dacă ai doar 20 de ani şi un pic.

- Turcu, Palcu, sunteţi la scară, hai, băgaţi cărbuni.

Scara moto de pompieri e sperietoarea oricărui luptător cu focul. Instabilă pe vânt, alunecoasă la frig, trebuie să te caţeri pe ea trăgând după tine un furtun greu, alunecos, care se mişcă din cauza presiunii apei. De aceea, în mod normal, la intervenţie, trebuie să fie doi oameni care manevrează furtunul, primul fiind servantul principal, iar al doilea cel ce îl ţine pe primul de picioare sau de ce prinde la momentul respectiv.

Ne-am urcat pe scară până la etajul 1, unde ieşeau cele mai mari flăcări şi unde, conform celor spuse de GIS, era şi magazia de armament. Era un frig de crăpau pietrele, iar prezantele de cauciuc îngheţaseră şi ele pe noi, făcându-ne să ne mişcăm foarte greu şi să facă manevrarea furtunului foarte grea.

- Turcule, hai să ne dezbrăcăm de căcaturile astea, că oricum nu ţin de cald şi eu sunt ud până la chiloţi, zise Palcu, din spate.

ARHI AMETCEA

Marius Palcu era prietenul și, cumva, protectorul meu, de la începuturile noastre. Culturism amator, poseda o forță distructivă enormă, genul acela de om care poate împături o tigaie în mâini, dacă se enervează. Doar că el nu se enerva niciodată, era extrem de calm și relaxat, indiferent de ce se întâmpla în jurul său, calmul acela al oamenilor puternici, care sunt siguri și bazați pe ei.

În general, făceam echipă împreună la incendii pentru că, petrecând atâta timp împreună, ne știam foarte bine chiar și fără cuvinte. La scară, dacă era nevoie, întotdeauna Marius era în spate, la asigurare, fiind singurul dintre noi capabil să se și țină și să ne țină pe toți, cu tot cu furtun.

Ne-am aruncat prezantele jos, am rămas în cămăși și hai, pe el. Am coborât pe marginea ferestrei, ca să am mai multă stabilitate, Marius mă ținea de centură, să nu cad de pe rahatul ăla alunecos de pervaz și am început să mătur cu jeturi puternice baza incendiului. Acesta chiar e un sfat bun, pentru casă. Dacă vă ia ceva foc, nu aruncați cu apă peste flăcări, flăcările sunt doar o exhibare a energiei degajată de combustia termică. Aruncați la baza flăcărilor, acolo, de fapt, trebuie stins.

Tocmai ce începuse să apară fumul alb ce însoțește un focar stins când s-a auzit prima bubuitură. Știți cu sună un glonț tras într-un spațiu gol, din beton? De o mie de ori mai slab decât o mie de gloanțe trase într-un spațiu gol, din beton.

Flăcările ajunseseră la lăzile cu muniții, din care mușcau cu lăcomie. Nu cred că, de atunci, m-am mai speriat vreodată, atât de tare. Bubuiau cartușele, după care se auzea țiuitul gloanțelor care ricoșau din pereți și treceau șuierând prin aer, pe lângă noi.

Panica se instalase jos, în timp ce unul din gradații unității urla jos:

POMPIERUL

- Fugiți, sunt și grenade!

Să fiu sincer, mă cam căcasem bastoane, când am auzit de grenade. Eram după zid, pe scară, ascuns de gloanțe, puțin probabil să pățesc ceva. Dar grenade, grenadele erau cam altceva și nu prea mă simțeam în largul meu.

La care Palcu se enervează brusc și mă dă la o parte din drum:

- Dă-te Turcule, băga-mi-aș pula în grenadele lor de idioți, că ne omoară ăștia aici cu zile.

După care a sărit pe geam, în fum și dus a fost, până să apuc eu să strig *Ho, bă umanule, că murim dracului amândoi.*

Acum ce căcat puteam să fac, că nu puteam să îl las singur. Am intrat înăuntru, unde nu vedeai în fața ochilor. Din fericire, se auzea doar rar câte un pocnet de cartuș, iar în încăpere flăcările se localizaseră la un birou și ardeau ușor mocnit.

- Marius!
- Palcule!
- Palcu, răspunde în pizda mă-tii, unde ești?

Am auzit un chicotit de după o ușă care, după ce m-am apropiat de ea, părea lejer carbonizată:

- Hai să ședem, turcafleţule, ne mai odihnim și noi puțin.
- Unde să ședem, nebune, grenade, alea, ai uitat?
- Grenadele pulii, bă, că nu e nicio grenadă, sunt de alea de antrenament.

Şi îmi aruncă în braţe o grenadă de exerciţiu, de acelea care se aruncă pentru a vedea cât departe dai şi în ce categorie de grenadier te încadrezi. Încăperea avusese, cu adevărat, o ladă de cartuşe care fusese lângă uşă, complet aiurea pusă şi care luase foc din cauza proximităţii uşii. Camera arăta de parcă era o strecurătoare, din cauza tuturor cartuşelor care se înfipseseră în pereţi, dar în rest, nimic nu era atins de foc.

- Hai să ne face eroi. Ieşim cu grenadele?

Bine, nu era chiar mare eroism, la incendiul din care scosesem bătrâna coaptă la foc mic scosesem amândoi 4 butelii din casă. Iar o butelie este infinit mai periculoasă decât o grenadă, dacă e să mă întrebi pe mine. Şi cam toţi dintre noi scoseseră butelii, nu neapărat din eroism, ci pentru că le venise rândul să se ofere voluntari.

E periculos să scoţi butelii din foc, dar dacă ştii ce să faci, pericolul scade la jumătate. Dacă butelia chiar este în foc şi are tentă roşiatică de la căldură, soluţia este să eliberezi zona şi să pui jetul de apă pe ea. Dacă este să explodeze, acela este momentul în care, cu siguranţă, va exploda. Dacă nu explodează în acel moment, 99% şanse să nu sară în aer deloc. Am auzit de cazuri în care au explodat, dar niciodată nu am putut confirma cu vreun nume sau un incendiu exact, întotdeauna şi cei ce povesteau auziseră, la rândul lor.

POMPIERUL

La incendiul cu bătrâna coaptă, toate lucrurile începuseră prost. Am ajuns acolo târziu, pentru că circulația era blocată și pur și simplu nu aveam pe unde să trecem, pe străduțele alea înguste din jurul FOișorului de Foc. Ne-a întâmpinat o mulțime înfuriată, care considera că e de datoria lor să ne rupă cu bătaia, pentru că de ce am ajuns târziu.

Pentru noi, situația e simplă în cazuri de astea. Nu te bați cu ei, dar nici nu stai să iei bătaie, Pur și simplu iei târnăcoapul din mașină și îl ții ușor amenințător. În majoritatea cazurilor, mulțimea devine calmă și relaxată, pentru că bătaia doare și nu e ca în filme. Dacă totuși continuă, în general e relativ ușor să potolești din câteva șuturi în gură niște grăsuni violenți, de obicei în chiloți și cu gura mare.

După aia, nu reușeam să găsim panoul de închidere a curentului. O stradă veche, cu case vechi, nu exista niciun fel de logică în amplasament. Nu poți da drumul la apă, în cazurile astea, pentru că, dacă curentul merge, ai șanse să mori instant, fără să știi de ce. Și stai și negociază cu spectatorii care ne vedeau că vrem să tăiem curentul de la stâlp, ce ei ce fac fără curent, nu?

În sfârșit, am spart ușa și am intrat înăuntru. Nu era mare lucru prin interior, dar, fiind o casă veche, locuită de bătrâni, era plină de tot felul de lucruri adunate în zeci de ani, lucruri care ardeau mocnit peste tot.

Când am intrat în dormitor, nu arsese decât covorul, iar focul monea, cu jar, sub pat si pe paianta de pe pereți. În pat, sub o pătură, se vedea o formă umană înfofolită peste cap. Pe moment, chiar am avut impresia, în ciuda fumului gros și a căldurii teribile, că e posibil chiar să fie în viață, așa că ne-am repezit amândoi, eu și Palcu, să încercăm să o scoatem repede afară din cameră.

Dar, trăgând pătura de pe ea, ne-a izbit mirosul de carne de porc prăjită, miros atât de cunoscut tuturor celor care au scos un om ars din flăcări. Patul era din metal, cu o împletitură de platbandă subțire dedesubt. Arsese tot ce era sub pat, dar, din cauza lipsei de oxigen, arsese cu foc mocnit. Totul era ars dar, surprinzător, femeia arăta destul de bine.

Am apucat-o eu de mâini, Marius de picioare și am încercat să o ridicăm din pat.

Oroare. Când am tras în sus, toată carnea mîinilor i s-a desprins de pe os, ca o mănușă mare, până la cot. Rămăsesem în mână cu o friptură foarte moale și foarte crocant, care se ținea doar în vârfurile ghearelor de la degete. Foarte mulți ani mi-a fost imposibil să mă ating de orice înseamnă carne prăjită, friptură sau orice altceva ce putea aduce cu imaginea aceea. Am vomitat mult, mult și tot vomitam, nu mai aveam ce, dar senzația nu reușea să fugă.

Am răsturnat-o într-un cearceaf și am scos-o afară, în curte, unde un bătrânel și o femeie mai tânără au început să urle ca din gură de șarpe, la vederea cearceafului. Inițial, am avut impresia că era o manifestare a durerii, la vederea trupului celui drag. Doar că nu. Când am ascultat mai atent, am înțeles:

POMPIERUL

- Buteliile, scoateţi buteliile, au, casa noastră,
munculiţa mea de o viaţă se duce dracului! Scoateţi,
bă, buteliile!

Rahat, butelii. Teroare primitivă a unui oraş rămas în
stadiul gestaţional al secolului trecut, niciodată maturizat, ci
doar în dezvoltare.

În capătul casei era şi o bucătărie. Care bucătărie ardea cu
flacără vie, erau deja 3 linii în front de atac pe ea şi nu dădea
semne că s-ar stinge.

- Există vreo intrare prin altă parte? i-am urlat eu
bătrânului, singurul dintre ei care mai dădea semne
de luciditate, femeia era deja căzută pe jos, într-o
stare de prostaţie profundă.

- Da, tată, e prin spate, trebuie să ocoleşti gardul ăla.

L-am luat pe Palcu, am sărit amândoi gardul de 3 metri
de parcă nu era acolo, trăgând furtunul după noi şi am găsit,
ascunsă ochilor după nişte stive de nevete de bere, intrarea în
bucătărie. Ieşea un fum gros pe la încheietura uşilor, dar nicio
flacără.

Partea proastă, atunci când iese fum pe la încheietura unei
ferestre sau uşi, este că nu ştii dacă e foc înăuntru sau fumul
vine din altă parte. Iar dacă deschizi uşa respectivă şi e foc
înăbuşit, aportul brusc de oxigen din afară va face ca totul să
răbufnească cu o putere enormă spre exterior. Nu ne era de noi,
ştiam cum să deschidem uşa ca să nu păţim nimic, dar buteliile

alea, buteliile nu ne ieșeau din minte. Răbufnirea aceea putea fi declicul pentru explozie și era fix ce ne trebuia, o butelie care să sară în aer într-un cartier de case bătrânești lipite una de cealaltă. Nici nu voiam să mă gândesc câți morți ar fi putut să fie.

Ne-a venit o idee.

- Adu târnăcopul, a zis Palcu, preocupat.

Am sărit iar gardul, fuga la mașină, am luat târnăcopul, am dat un șut în cur unui copil mai curios care se gândise că fix atunci e momentul să cotrobăie printr-o mașină de pompieri, în 2 minute eram înapoi.

- Bagă-te după zid, îmi zise el, în timp ce balansa vârful târnăcopului. După care a dat o lovitură puternică în ușă, făcând o mică gaură.

Mi s-a părut o idee de geniu, să lași doar puțin oxigen, de test, să vezi dacă se întețește focul. Nu a ieșit nimic, decât fum, deci am considerat că suntem bine. Am dat un picior în ușă și am intrat înăuntru. Focul era concentrat în partea din față, în spate mânjeau niște flăcări fereastra și o firidă.

Iar în firidă, buteliile. Da, buteliile. Moșul nu ne zisese că erau patru butelii, nu una singură. Patru butelii, stivuite două câte două, peste care treceau razant flăcările dinspre geam.

- Trebuiau să fie roșii, futu-vă-n gură de moldoveni. Trebuiau să fie roșii.

Da, toate buteliile erau de culoare roșie. Nu puteam să ne dăm seama, prin fumul gros, dacă sunt roșii de la foc sau de la culoare.

- Turcule, dacă punem apă pe ele aici și sunt fierbinți, murim amândoi, mor și proștii ăia de afară, mor și moldovenii ăstia din jur. Ce pula mea facem?

Ce căcat să facem, că era evident ce trebuia să facem, instrucția primită nu ne lăsa să luăm altă decizie.

- Ce pula mea să facem, tu ia-le pe alea din dreapta, eu pe alea din stânga, avem grijă să nu se izbească între ele și ieșim afară.

- Bă ce curajos ești! Dar după dumneavoastră, majestate!

- Ba după dumneavoastră, majestate!

- Nu nu, vă rog, după dumneavoastră.

- Dar vă rog, doamnele primele.

Ne-a pufnit râsul pe amândoi.

- Tragem de timp pentru că ne e frică să nu crăpăm, nu?
- Da. Hai, că o viață ai și-o gaură-n cur. Bagă mare.

ARHI AMETCEA

Ne-am repezit amândoi, am smuls buteliile şi am luat-o la fugă afară, cât mai departe de casă, foc şi oameni. Pentru că problema maximă a românilor este că se adună ca la circ. Zeci de oameni erau strânşi în faţa curţii, uitându-se ca la circ şi nerealizând că sunt în pericol de a muri fărâmaţi în sute de bucăţele mici.

Nu, nu ne-am gândit niciodată că facem asta din vreun eroism deosebit. Doar că nu voiam ca oameni nevinovaţi să moară dintr-un motiv stupid. Poate eram foarte tineri şi priveam propria noastră mortalitate foarte uşor, gândindu-ne că nouă nu ni se poate întâmpla. Sau poate că omul, instinctual, în situaţii de criză, îşi găseşte gena eroismului şi se comportă ca atare.

Nu au explodat buteliile, nu ajunsese focul atât de puternic la ele, erau doar uşor călduţe. Le-am pus jos, ne-am trântit amândoi în cur şi am început să râdem ca proştii.

- Am scăpat şi de data asta, Turcule.
- Am scăpat, futu-i în gură de mohicani. Nu au explodat.

Aşa cum nu au explodat nici grenadele de exerciţiu de la Clinceni. Pentru că nu avea ce să explodeze. Dar noi am ieşit cu cele 2 lăzi de grenade în braţe, pe geam, strigând cât ne ţineau plămânii:

- Creaţi perimetru, ieşim cu grenadele!

POMPIERUL

Instant s-a făcut gol complet în jurul nostru, pe o rază de vreo 20 de metri. Coboram amândoi cu câte o ladă în brațe, mândri nevoie mare de ce eroi eram noi. Cămășile erau complet înghețate pe noi, ne era un frig cumplit, îmi era teribil de greu să pun un pas înaintea celuilalt pe scară, mai ales cu lădoiul ăla de 30 de kilograme în brațe.

Am ajuns jos, am pus lăzile pe o bordură de beton, moment în care au venit toți ai noștri, să ne ia în brațe. Până și GIS-ul a venit la noi:

- Căcăcioșilor, voi nu ați văzut că sunt grenade de exercițiu?

- Nu majoru, de unde să știm, ce era să facem, în foc, să verificăm cuiul?

- Mbine, a zis maiorul Ene, că aveți permisie mâine, de băieți buni ce sunteți, 'rea'i ai dreac de lepre.

Ne-am băgat în cabina unei APCA, pentru că leșinam de frig, dacă mai stăteam. Nu a mai durat mult și am plecat spre unitate. Deja era dimineață, am pasat către gogoșari munca de întreține a mașinilor și ne-am culcat câteva ore.

Pe la 11, mă trezesc scuturat din somn:

- Turcule, hai și îmi semnează biletul de voie, să pot pleca.

Curier fiind, aveam acces la ștampila unității, biletele de voie și, desigur, ca orice furier care se respectă, știam să fac la perfecție semnătura comandantului. De fapt, nu ar fi trebuit să fac eu semnătura, pentru că aveam semnate în alb niște bilete, pentru cazul în care era nevoie să plec în oraș, cu treabă pentru unitate.

M-am dus, am scos un bilet, l-am ștampilat și i l-am dat.

- Vezi, bă, că te-ai bărbierit strâmb, ai un perciune mai lung și unul mai scurt, i-am zis.

- Lasă, că nevastă-mea mă place și așa.

A fost ultima oară când l-am văzut și ultimele cuvinte pe care i le-am spus.

În ziua respectivă dezertase un mizerabil de la o unitate, împreună cu arma, un anume Laurențiu Cotea. Era de ciclu cu noi și tocmai îl părăsise prietena, iar el plecase să se răzbune. Pe drum, împușcase și vreo doi polițiști, ca să nu își piardă îndemânarea.

Marius stătea în Berceni și plecase acasă ca să ducă niște resturi de mâncare câinelui său lup. Nu stătea el în permisia maiorului Ene, dată pentru salvarea grenadelor false, că de aia eu eram furier, ca să am grijă de liberele noastre. Dar îl mâncase în cur să meargă atunci acasă.

Iar în oraș era o adevărată hăituială pentru prinderea acelui animal care ucisese polițiștii. Marius plecase în uniformă, deși ar fi putut pleca în civil fără nicio problemă. În apropiere de casă, 2 polițiști l-au confundat cu dezertorul, moment în care unul din ei a strigat Soldat, stai. Marius, probabil speriat, a încercat să fugă, iar celălalt a tras direct în el, nimerindu-l în ficat. A murit pe loc și a fost dus la morgă, unde a fost înregistrat sub un alt nume, noi descoperindu-l de abia a doua zi. Polițistul a declarat că a tras la picioare și că, probabil, glonțul a ricoșat în ficat. Nu am înțeles cum a reușit să ricoșeze un glonț din glezne în ficat. Nimeni, absolut nimeni nu a fost pedepsit pentru moartea prietenului meu. Nici măcar Laurențiu Cotea, care a fost prins și condamnat la închisoare pe viață, ulterior fiind eliberat pentru bună purtare.

Marius a avut parte doar de o înmormântare cu onoruri militare, într-un cimitir la o margine de oraș. Nu mai știu ce s-a întâmplat cu soția sa, am căutat-o după aceea, se mutase și nu a lăsat niciun fel de adresă, nimănui.

Dormi în pace, dragul meu. Vezi, nu te-am uitat nici după 20 de ani.

Avortul

Unul din avantajele de a fi cu prieten cu Marius era că aveam acces la apartamentul său oricând ajungeam în oraș. Soția lui, o dolofănică drăguță și fermecătoare, nu avea absolut nimic împotriva prezenței mele și a lui Geani acolo, dimpotrivă. Când ajungeam, în liberele pe care ni le luam de la unitate, îl lua pe Marius și plecau în oraș 2 ore, lăsându-ne să ne consumăm și noi, fizic, relația. Pentru că, în altă parte, unde? Acasă la mama, exclus, acasă la Floarea Cioacă, exclus. Bani de hotel, de unde, că solda unui pompier era la nivelul de nu puteai lua un pachet de țigări cu ea.

De altfel, în ciclul unu, nici măcar nu am simțit vreodată că am solda. Serios, nu am simțit-o, pentru că, atunci când ieșeam de la magazioner, unde ni se plăteau respectivii firfirici, afară ne așteptau toți veteranii de ciclul 3, fericiți că iată, au și ei bani de băutură în seara asta. Și ne confiscau toți banii, după care plecau la băute și curve, la Gara de Est.

Gara de Est, acest El Dorado al nostru, la momentul armatei și nu numai. Mai mulți ani după armată, profitând de faptul că am calificare de electromecanic vagoane, obținută în liceu, m-am angajat la CFR, pe post de electrician. Ghici unde, la Gara de Est, pe care o cunoșteam ca pe buzunarele proprii, după armată. Vai, câte lucruri s-au întâmplat în văgăunile acelea, cu vagoane trase pe șine moarte.

POMPIERUL

Spre finalul ciclului de instrucţie de 1 an, m-am retras în plină glorie în funcţia de comandant de gardă, acolo unde nu te deranja nimeni, nu mai plecai la incendii, nu aveai cum să fii prins cu băutură şi, ce era mai important, aveai la dispoziţie un număr de camere unde numai comandantul gărzii şi comandantul unităţii aveau acces.

Într-o seară, vin la mine 4 băieţi de prin Ardeal şi mă iau deoparte, cu lejeră şuşoteală.

- Dom` caporal, vrem şi noi diseară o fată, să sărbătorim liba, nu ne lăsaţi şi pe noi într-o cameră de la gardă?

- Bă băieţi, ştiţi că nu se poate, că acolo sunt arme cu glonţ şi alte prostii, ne facem de rahat şi BD scrie pe noi până să zicem *ah, ce strâmtă eşti.*

- Nu dom` caporal, noi vrem acolo unde sunt paturi, nu la lăzile de muniţii. Haideţi, că se înţelege că şi dumneavoastră participaţi, că doar suntem colegi. O viaţă avem.

- Bă, da` e frumoasă, merită să mă stresez?

- Aoleu, frumoasă foc, am auzit de ea la bufetul gării (Gara de Est). Faza e că noi nu avem voie să ieşim şi ne gândeam că poate mergeţi dumneavoastră să vorbiţi şi să o aduceţi.

Ce să zic, ca principiu de funcţionare, aveau dreptate. M-am apucat şi am făcut listele de gardă în aşa fel încât în dormitor să nu fie nimeni cel puţin 2 ore, am făcut rost de nişte alcool, să ne încălzim şi, pe la 9, m-am dus la gară, să caut frumuseţea ardelenilor

ARHI AMETCEA

Băi, o frumuseţe de femeie. O ţigăncuşă mică, creolă, cu faţa ca o lună, zâmbăreaţă şi cu nişte dinţi cum sunt sâmburii de floare la oblâncul şeii lui Florin Piersic. Nişte sâni care se zvârcoleau sub o bluziţă de mătase transparentă, mulată pc o talie de viespe ce se termina cu un fund bombat şi crocant, de îţi venea să muşti din el atunci pe loc, să nu mai apuce şi alţii. Gata, vesel şi fericit, să vezi ce treabă iese. Vorbesc cu fata, ne înţelegem la bani, îi explic că e vorba de 5 oameni, la care pe ea o pufneşte râsul.

- Înseamnă că scăpăm repede, că voi terminaţi repede treaba.

Pe drumul de întoarcere, am cumpărat şi câteva prezervative, să fie, deşi încă nu eram convins. La urma urmei, aveam o relaţie stabilă, venea fata la mine des, puteam să mă ard grav, dintr-o indiscreţie. Din fericire, se înserase, nu a văzut-o nimeni pe ciocolatie când am băgat-o în camera de gardă.

Spun şi acum, cu sinceritate, că nu am vrut, iniţial. Serios, chiar nu. Dar cum am intrat în cameră şi am închis uşa, m-am trezit lipit de perete şi cu ţiganca grămadă pe mine:

- Căpitane, tu eşti şefu aici, ţie vreau să îţi sug pula primul.

Până să zic eu *Aoleu, stai puţin, că eu am iubită şi nu mă interesează să am sex cu cineva în afara relaţiei, doamne fereşte, femeie opreşte-te,* deja o avea în gură şi o lucra cu cea mai mare meserie.

- Îţi place, gagiule? zise ea, nepoliticos, cu gura plină.

POMPIERUL

Acum eu ce era să zic, că nu? Nu puteam să distrug munca femeii, poate avea copii acasă, care nu mai mâncaseră carne de mult timp. Aşa că am împins-o la muncă, mai repede, până când i-am umplut gura cu moştenitorii familiei Ametcea. Avea prosopel deja pregătit lângă ea, a scuipat elegant, m-a muşcat de lobul urechii şi s-a dus la ardelenii mei.

Eu, grijuliu:

- Alo, pompieru`, dar prezervative aveţi?

- Păi ce să facem cu ele?

- Cum ce să faceţi cu ele? Voi aţi văzut-o pe asta cum arată? Sau credeţi că acum sunteţi primii şi o să săpaţi în teritorii necunoscute?

- Staţi liniştit, dom` caporal, că noi avem reţeta de la băieţi mai şcoliţi decât noi, de-acasă din Ardeal. Vedeţi castronaşul ăsta cu spirt? Cum termină unul, cum şi-o moaie cu totul în castronaş, strânge din buci să îi intre spirt pe canal şi gata, nu mai e nici o problemă. Nouă nu ne place să o facem cu cauciuc pe moşulică, că nu aşa a dat dumnezeu.

M-a pocnit un râs de era să rămân cu falca strâmbă, dar ce să zic, am plecat. Doar nu eram nebun să merg la curve cu un castronaş de spirt în buzunarul de la spate. Şi-am început să aştept, să vedem ce se mai întâmplă.

După vreo câteva minute, aud primul urlet. Ardeleanul numero unu îşi adusese copiii la lumină, după care a trecut la dezinfecţie. Normal, când omul şi-o băgase în alcool de 95 de grade, durerea nu era mică, vă imaginaţi cum intra spirtul ăla pe canalul uretrei, ducându-se până în creier, cu tot cu durere.

Până la urmă, au urlat toţi mulţumiţi, femeia a plecat şi ea mulţumită, totul s-a sfârşit cu bine. Ăştia plecau şi când treceau pe lângă mine îmi făceau cu ochiul şmechereşte, adică `*aţi văzut, ce băieţi de băieţi suntem noi?*

Lucrurile s-au liniştit, fiecare şi-a văzut de treaba lui, practic, aproape uitasem. După vreo câteva zile, cine urla de durere la toaletă şi se pişa ţinându-se de ziduri, să nu cadă jos de usturime?

Băieţii mei specialişti. Nu aveau decât gonoree. Toţi.

Astfel, acum pot să vă spun cu siguranţă că a-ţi muia pula în spirt, după ce faci sex, nu e o metodă împotriva STD eficientă. Şi poate fi chiar foarte dureroasă.

În altă seară, vine la mine unul din soldaţii de ciclu doi:

- Dom caporal, veniţi repede, că e de rău.
- Ce dracu mai e?
- Haideţi, că e moarte de om.

Am fugit repede spre gară, în timp ce amărâtul îmi povestea, cu sufletul la gură.

Doi bănănăi se duseseră în gară şi găsiseră o curvă gata beată, care voia să îşi facă meseria cu ei doar pe o sticlă de bere Noroc la 3 litri. Au luat-o şi au mers în parcul gării, au pus pe jos vestoanele şi hai să consume munca femeii, că na, ca la curve, plata era înainte.

Partea foarte proastă a fost că aia a adormit. Deja beată, cu berea aia la bord, a căzut lemn. Unul din iubăreţi, nervos, i-a dat un picior:

- Scoală, fă, că ai o grămadă de treabă şi tu dormi?

POMPIERUL

Întâmplător, băiatul era din Vaslui, dar asta nu are neapărat legătură decât cu respectul său față de sacrul feminin. Partea și mai proastă era că celălalt era un băiat din Berceni, ușor timid și, cred eu, și ușor virgin, la data întâmplărilor.

Iar virginul s-a enervat că vasluianul i-a lovit viitoarea depozitară a iubirii sale și a sărit la omor:

- De ce dai mă într-o femeie, dacă era soră-ta, la fel o loveai?
- Cum adică soră-mea? Păi soră-mea e curvă?

Și aici s-a escaladat totul și momentul în care am ajuns să fiu chemat, comandant de gardă, să văd ce fac cu tâmpiții mei. Pentru că deja bătaia ajunsese la capitolul paftalele de la curele legate de mâini, alergat printre mașinile parcate pe acolo, geamuri sparte, niște sânge ușor pe ici și colo, tot ce trebuie.

De fapt, chestia asta s-a terminat foarte prost. Eu i-am luat pe idioți la unitate, i-am băgat la somn, într-o celulă de la arest, ca să nu mai facă gălăgie, sperând că, a doua zi, totul va fi fost uitat și aia e. Dar nu a fost uitat. Din păcate, a doua zi, la ușa unității a apărut poliția militară, care i-a luat pe sus pe amândoi petrecăreții. Pe virgin l-am văzut înapoi după o săptămână, dar pe vasluian, niciodată. Nu știu ce s-a întâmplat cu el, dar știu că, dacă ajungi pe mâna poliției militare, batalionul disciplinar devine cu ușurință una din opțiuni.

Geani prinsese gustul ieșirilor în apartamentul lui Marius. Cred că gustul acesta a coincis și cu descoperirea faptului că poate avea și ea orgasm, chiar foarte ușor. Doamne, cât sex am făcut în apartamentul acela. În prima zi când am ajuns, ne-am oprit, cred, după vreo 18 numere, din simplul motiv că simțeam că mi se jupoaie pielea de pe pulă, iar ea nu mai putea să stea jos. Și pentru că, totuși, 4 ore de sex continuu, pentru un militar famelic și slab nu era tocmai recomandarea medicului. Și pentru că familia Palcu își dorea apartamentul înapoi.

Deși, de fapt, nu începuse sub niște auspicii bune. Geani era destul de jenată de situație și nu se simțea deloc confortabil, indiferent de ce îi spuneam eu:

- Cetin, lasă-mă, te rog, e penibil, cum să le spunem oamenilor ăstora să plece, sa să ne putem noi fute?

- Geani, ei ne-au invitat, de asta suntem aici, ăsta e scopul, ei chiar or să plece în treaba lor.

Și chiar asta au făcut, ne-au făcut cu ochiul, complice, Marius mi-a urat, plin de subtilitate, *Bagă mare, coaie!* și au plecat în treaba lor. Mă simțeam ușor stingher, Geani stătea într-un colț de pat, bosumflată, se dusese naibii orice urmă de romantism.

M-am aplecat asupra ei și în timp ce o sărutam pe gât, i-am zis:

- Știi că așa este situația, de ce să lăsăm niște prostii să ne strice singura zi în care putem fi împreună?

POMPIERUL

Deși rezistența îi slăbise vizibil, I-am dat jos pantalonii aproape cu forța, dar, până să scap de ai mei, ea plecase la geam, departe de mine. Am urmat-o, ușor nervos:

- DIn ce îmi amintesc, nu sunt singurul care a vrut asta, și tu o vrei la fel ca mine.

- Dar nu am chef acum!

- Foarte bine, atunci o să stăm așa și aia e.

M-am așezat pe pat, dezbrăcat și mi-am aprins o țigară. În pofida discuțiilor, în continuare aveam o erecție magnifică, grație lungii perioade de nefutut prin care trecusem. Îmi venea să fac ca Mălăncuș și să dau cu erecția de marginea chiuvetei, de nervi. Nu aveam chiuvetă, dar măcar în marginea patului.

După câteva secunde, s-a apropiat de mine, încercând să mă mângâie pe obraz:

- Cetin, nu trebuie să te superi, sunt lucruri care nu se...

Până să apuce ea să termine propoziția, cum stăteam jos, am prins-o de umeri, am întors-o cu spatele la mine și aproape am forțat-o să se așeze pe mine și să mă lase să intru în ea. Singura ei reacție a fost o șoaptă, aproape plânsă:

- Nu aici, Cetin, nu așa. Nu așa.

ARHI AMETCEA

Am trântit-o în pat, cu faţa în jos şi am intrat în ea, iarăşi, brutal, dorind să o pătrund toată, să o rănesc, să o fac să simtă toată frustrarea şi neîmplinirea pe care le simţeam atunci. Doar că, surpriză, am obţinut exact inversul. A început să geamă, întâi slab şi nedesluşit, după care aproape în ţipăt surd. Am terminat amândoi, unul în celălalt, uzi, transpiraţi şi în lacrimi.

- Te iubesc, Cetin.
- Şi eu te iubesc. Şi te vreau.

Şi ne-am avut. Patru ore, care au trecut instant şi de care ne-a adus aminte Marius, care, după ce a venit la uşă de vreo 3 ori şi a ciocănit, după care a plecat, a venit şi a patra oară, când a început să dea nişte pumni sănătoşi.

Am plecat de acolo sfârşiţi, cu răni, fizice pe noi, uşor crăcănaţi, dar plini cu de toate. Geani mai mult plină, pentru că era plină cu rezultatul a 18 şarje de mici Cetinei, care o posedau în continuare, prinăuntru, în numele meu.

Luna următoare, într-unul din weekenduri, nu am putut pleca acasă, aveam de plannificat gărzi, de numărat cartuşe, linguri, pături şi tot felul de alte căcaturi de care, de fapt, nu îi pasă nimănui, dar toată lumea mimează importanţa lor maximă. Aşa că a venit Geani la mine, la vizită. A apărut în faţa mea, uşor albă, palidă, cu o paloare de teamă pe faţă:

- Turcafleţule, avem o problemă.
- Ce problemă, moldoveanco?
- Turcafleţule, nu mi-a venit ciclul.

POMPIERUL

Shit, proastă veste. Adevărul e că fusesem în culmea prostiei. Eu având încredere deplină în ea, nu foloseam prezervative când făceam sex. Şi ea, desigur, avea încredere în mine, uşor degeaba, după cum s-a văzut, aşa că nu ne gândisem niciodată că ar trebuie să ne protejăm de ceva. Şi, chiar dacă poate părea culmea prostiei, nu ne gândiserăm niciodată că e posibil să rămână însărcinată.

Şi iată, chiar dacă nu te gândeşti la asta, lucrurile chiar se întâmplă.

- Şi ce facem, mai aşteptăm, există teste pentru aşa ceva, nu?

- Da, există.

- Şi ai făcut?

- Da.

- Şi??

- Păi, nu ţi-am zis? Avem o problemă. Vrei să fii tatăl copiilor mei?

- Şi tu ce vrei să faci, îl păstrezi sau nu?

- Nu ştiu, Cetin, tu eşti tatăl potenţialului copil. Trebuie să vorbesc cu tine şi să decidem împreună.

- Da, dar tu îl porţi, mi se pare normal ca să ai ultimul cuvânt.

ARHI AMETCEA

- Hai să ne gândim, ce ar însemna un copil.

Imediat în mintea mea s-a născut salvarea de problemă.

- Eu aş fi fericit să avem acest copil, am zis eu, în timp ce ei i s-a luminat faţa. Dar hai să ne gândim, e ceea ce ai nevoie acum? Mai ai 4 ani de facultate, nu avem locuri de muncă, stăm cu părinţii, eu nu ştiu ce o să fac după ce se termină armata. Unde aducem pe lume copilul ăsta? Ce o să se aleagă de noi şi de el?

- Aşa mă gândisem şi eu, prin prisma economică. Dar, Cetin, gândeşte-te, e puiul nostru, e copilul tău, putem să îl aducem pe lume şi mai vedem noi.

- Mai vedem ce, Geani? O vezi pe mama, plină de fericire, crescându-ne copilul, în timp ce noi mergem şi descărcăm pepeni în piaţă? Sau o simţi pe Floarea Cioacă foarte deschisă spre a deveni bunică?

- Ok, şi atunci, cum facem, fac avort?

- Cum crezi tu, dar pare a fi singura opţiune viabilă pentru noi, în acest moment.

Am mai vorbit pe temă, dar uşor în cerc şi, până la urmă a rămas că vorbeşte Geani cu o prietenă care trecuse prin asta şi să îi recomande un medic, după care să mergem împreună şi să terminăm.

POMPIERUL

Ce urîte și reci sunt culoarele de maternitate, în fața cabinetului de ginecologie, atunci când știi că urmează să faci avort. Eram amândoi mici și speriați, ne uitam primprejur, nelămuriți și neînțelegând exact prin ce trecem. În sala de așteptare mai erau vreo 2 pupeze, cunoștințe vechi ale medicului, care le salutase elegant cu *Ce faceți, fă, ați venit iarăși să donați carne?* Discutau relaxate, una din ele nu reușea să își aducă aminte exact dacă e avortul douăzeci și trei sau douăzeci și patru, cealaltă îi zicea că joacă la grupa mică, iar Geani se făcuse mică și albastră de frică.

Nu știu ce s-a întâmplat înăuntru. Eram mici, deloc impresionanți și nu aveam bani prea mulți, așa că a fost un avort fără anestezie, la care Geani a țipat și a plâns. Cel puțin așa mi-a zis asistenta, când au scos-o pe o targă și mi-au zis să stau în salon, lângă ea, până își revine. Geani era goală, pe burtă, sub un cearceaf cu un decupaj mare în dreptul vaginului. Nu era nimeni care să aibă grijă de ea, așa că eu trebuia să îi schimb pansamentul de vată și să o șterg, dacă era prea mult sânge și lichid.

- Hai, că a fost rapid, am zis eu, în timp ce o ștergeam între labii cu un pansament întors pe partea cealaltă, pentru că altul nu aveam

Nu mi-a răspuns, era cu capul în perna mizerabilă de spital și gemea încet, de durerea, în timp ce lângă ochi perna se udase de lacrimi. După o perioadă, a început să șoptească:

- A înfipt în mine chestia aia, Cetin, fără niciun fel de milă. M-a durut îngrozitor și, cu cât mă durea mai tare, cu atât mai mult mă chinuia și râdea, zicând *De futut, ți-a plăcut să te fuți, acum nu îți mai place, nu?*

- Lasă, bine că a trecut, am mormăit eu, stupid și fără alte idei în cap.

- L-am văzut, Cetin.

- Ce ai văzut?

- L-am văzut pe copilul nostru, când l-a scos din mine. Au pus bucățele într-o tăviță, lângă capul meu. Avea mînuțe, și piciorușe. Era un copil întreg...întreg...întreg.

Și iarăși a început să plângă, plâns surd, fără zgomot, doar lacrimi mari ce i se scurgeau pe obraji, pătând și mai mult perna mizerabilă de sub cap.

- Hai, au trecut 2 ore, îmbrăcarea și acasă. Totul e bine, ai grijă la efort și să nu ne mai vedem pe aici curând. Deși vă știu eu pe voi, astea, o să te văd iarăși, cât de curând.

Am îmbrăcat-o ca pe un copil mic, în timp ce ea stătea, privind în gol, cu lacrimi pe obraz. Nu răspundea la niciun fel de cuvânt și gest, tot timpul privea undeva, departe, prin mine, fără să mă vadă.

POMPIERUL

- L-am văzut pe copilul nostru, Cetin. Și era mort.
Noi l-am omorât...

Nu aveam noi bani de taxi, pe vremea aia. Am luat 135, care ne lăsa undeva aproape de blocul ei. Cu puțin noroc, am prins și un loc pe scaun, pentru că deja devenise lividă de durere și pierdere de sânge. Am dus-o în fața blocului ei, unde a plecat de lângă mine fără niciun cuvânt.

Am rămas mult timp privind după ea. Începuse să se înfiripe și în mintea mea grozăvia a ce făcusem și cât de mult o putuse afecta. Întotdeauna, în mintea mea, era ceva gen Mergem la doctor, afară cu el, gata, totul e la fel, ne continuăm viața, uitând că, de fapt, omori un copil.

Și astfel i s-a pecetluit soarta primului meu copil. De atunci, am mai fost în această situație de câteva ori, prea multe, chiar. Undeva, în mintea mea, când eram cu o femeie, nu simțeam că o posed suficient și nu mă simțeam suficient de bărbat dacă nu o lăsam însărcinată. După o perioadă, chestia asta devine atât de banală, încât ți se pare mai gravă o extracție de măsea, de exemplu. Nu știu dacă a fost ca urmare a primei experiențe sau a fost doar o exprimare a nesiguranței mele masculine în fața vieții.

Practic vorbind, o singură relație a mea care a durat mai mult e o lună, nu a dus la conceperea unui copil. Pentru că tipa era virgină și dorea să se păstreze așa pentru căsătorie, așa că făcea doar sex oral și, destul de rar, anal. Și încă nu poți rămâne gravidă în fund.

În rest, au fost multe, prea multe vizite la cabinete de ginecologie din ce în ce mai sofisticate și pe bani din ce în ce mai mulți. Dacă regret? Nu știu, nu neapărat. În acest moment, sunt complet împotriva avortului și nu aș mai accepta ca femeia mea să facă unul decât dacă, în urma analizelor, apare incidența bolilor precum sindromul Down. Altfel, dacă sunt copii, să fie, cu cât mai mulți, cu atât mai bine.

Iar trecutul e trecut, regretele nu îl schimbă și nu îl aduc înapoi.

Să furi sau să nu furi

Deșteptarea, jos, repede, haide soldat, mișcă repede!

Nu prea își mai permitea nimeni să ni se mai adreseze așa, nici măcar dintre cadrele angajate. Eram deja de prea mult acolo și mai aveam atât de puțin, iar apropierea libertății îi făcea să ne trateze, în sfârșit, ca pe oameni și ca pe egali. Desigur, ne păstram aparențele militare și saluturile, dar, în timpul liber, eram deja la per tu și discutam politică, planuri de viitor, ca niște oameni reali. Oau, oameni reali, viață reală, mi se părea incredibil că mă îndrept înapoi spre lume.

Ardea la Ana Electronics, magazinul cu televizoare Samsung originale. Era singurul magazin din România unde se vindea Samsung, la niște prețuri de îți cădea pălăria în praf. Și, încă de pe atunci, Copos, deținătorul companiei, era cunoscut drept un mafiot extrem de puternic, de care se temea absolut toată lumea. Așa că, un incendiu la Ana Electronics era cel mai mare prilej de spaimă pentru șefii noștri, doar nu voiai să te pui rău cu Copos, nu?

Fusesem și eu la deschiderea magazinului, pentru că na, curiozitatea. Desigur, când am văzut cât costă un televizor, pe lângă Thomas-ul meu de acasă, am început să umblu pe vârfuri, ca să nu deranjez cumva praful de pe produse, devenit brusc mai prețios decât ceea ce credeam eu că e aurul. Aproape că îmi părea rău că am stat la coada aia imensă de la deschidere, cred că era mai mare decât cea de la deschiderea McDonaldsului de la Unirea.

ARHI AMETCEA

Cât de cu cîntec a fost deschiderea asta de la Mec. Aproape la fel de controversată ca primul film sexy din cinematografele românești, Micuța Vera. Am fost sub geamurile Mc-ului de pe la ora 5 dimineața, cu primul metrou care a plecat de la Dristor. Din păcate, nu suficient de devreme. Deja era omorul de pe lume, strada blocată de oameni, tot trotuarul plin, în toate direcție. Dădeau un cheesburger gratis. Pentru niște proaspăt ieșiți din comunism, era o avere.

Micuța Vera s-a lansat în România cred că prin 1990, la cinema Luceafărul. Se dusese vestea că apare primul film pornografic la cinema, știa toată clasa din liceu, stăteam cu nerăbdare febrilă să mergem să îl vedem.

Era omor în față la Luceafărul. Omor, la propriu. Oamenii se călcau în picioare, încercând să ajungă la intrare, au distrus grilajul de la un magazin de bijuterii de alături și au spart geamurile doar prin simpla presiune a corpurilor ce se împingeau frenetic, încercând să ajungă în Nirvana labei stimulate public de corp de rusoaică puberă.

Habar nu am cum am reușit să intru. În niciun caz, nu mai eram împreună cu colegii de clasă, am intrat cu valul de oameni. Norocul meu e că fiind miop și nepurtând ochelarii, eu mă așezam tot timpul pe locurile din primul rând, locuri care, în general, erau goale.

Desigur, asta nu mi-a purtat noroc când am fost să văd un alt hit de cinematograf, Emanuelle. Pentru că m-am așezat în primul rând, unde nu stăteau, am aflat ulterior, decât labagiii. Cei care făceau ture rapide între baie și cinema.

- Îți place filmul?
- Cât de cât, da, e ok.

POMPIERUL

- Pot să îţi pun mâna pe pulă?
- Nu.
- Bine, scuză-mă, mă duc puţin până la baie.

Nu am vrut să fac scandal sau ceva, pentru că, cu câteva rânduri mai sus stătea prietenul meu din cartier, George. George era o plămadă de enforcer mafiot, toată ziua calcula cum să facă bani pârlindu-i pe alţii, bătea ca la fasole la toată lumea din cartier, dar mă iubea ca pe frati-su pentru că făceam sex cu vară-sa, Mihaela. Mihaela era cu un an mai mare decât mine, avea vreo 19 ani şi o viaţă foarte tumultoasă, până atunci. Bătută, violată în casă de prieten, avea darul de a-şi alege doar bărbaţi din partea gri a eşichierului. Eram, practic, primul băiat din viaţa ei, singurul liniştit şi fără viaţă amorfă, o aduceam acasă la mătuşă-sa, unde stătea, făceam sex pe muteşte prin băi şi bucătării, visul oricărei mame.

Aşa că George era un fel de locotentent pentru mine. Deşi avea vreo 17 ani, era mai înalt cu o palmă decât mine, cu părul lung, un spate pe care puteai întoarce un tir şi un pumn cu care îndoia tabla de 2. Foarte util pentru cartier, foarte terifiant când mergeam undeva cu el, pentru că era foarte violent şi nepăsător faţă de regulile societăţii.

Iar George avusese ocazia să îmi demonstreze ataşamentul său pentru homosexuali când mergeam o dată cu tramvaiul 21 spre piaţa Râmnicu Sărat. În tramvai, un nefericit, probabil gay, i-a pus mâna pe cur. Nu ştiu de ce, dacă l-a confundat cu adevărat cu o femeie, deşi mi se pare improbabil, avea 1.90 m, faptul că avea părul lung nu substituia partea în care avea un spate lat cât o remorcă de Dacia Pickup.

Şi nefericitul i-a pus palma pe cur nu ca din greşeală, ba chiar l-a şi strâns aşa, jucăuş, gen *Ce faci, păsărică?*

Păsărica nu a stat pe gânduri şi următorul lucru a fost să se întoarcă spre tip şi să îi fută un picior în burtă de l-a aruncat, pur şi simplu, prin uşile deschise ale tramvaiului în mers. Pe vremuri, nu prea erau reguli sau aer condiţionat şi, vara, vatmanii mai lăsau uşile deschise, să se aerisească înăuntru. Ghinionul tipului, care a zburat ca o pernă flască direct în boscheţii de pe centrul bulevardului care, sper, i-au atenuat căderea. L-am văzut pe geamul din spate cum se ridică, complet ameţit şi se scutura de praf şi, probabil nişte sânge.

  - Coiae, eşti prost, de ce ai dat în el?
  - Mi-a pus mâna pe cur!!!
  - Bă, puteai să îl omori! Pentru atâta lucru?
  - Dă-l bă, în pula mea, fugeam în Italia şi aia era.

Fix de asta nu am vrut să fac scandal în cinema. Dacă în timpul zilei şi cu martori se declanşase aşa pe amărât, vă daţi seama ce făcea cu ăla în întunericul cinematografului? În paranteză fie spus, George a fugit, până la urmă, în Italia, un an mai târziu şi nu am mai ştiut nimic de el, niciodată. Păcat, îmi plăcea foarte mult personajul. Cu el şi cu Călin m-am simţit cel mai bine din toată adolescenţa mea şi o spun în cel mai non gay mod.

POMPIERUL

Călin era un tip foarte simpatic și care îmi semăna mult. La fel de geek, cu părul ușor lung și negru, slăbuț și timid, era o companie foarte plăcută, dacă erai prieten cu el. Povestea frumos și știa o mulțime de lucruri. Mă simțeam un fel de mentor pentru el, fiind mai mare cu doi ani, încercam să îl învăț lucruri, să îl protejez, să îi deschid cărări pe la diverse reuniuni.

Din păcate, Călin a schimbat liceul și, odată cu asta, a intrat într-un anturaj complet greșit, împreună cu încă un tip din blocul unde stătea. La un moment dat, brusc, Călin a început să mă evite. Venea și pleca de acasă cu taxiul (să ne înțelegem, era minor, fără tată, mă-sa nu avea de unde să îi dea bani de cornuri zilnice, darămite de taxi), stătea întotdeauna la bloc doar cu tipe agățate de gât, mă saluta doar din vârful buzelor când mă vedea și își vedea de treabă. Asta e, nu m-am mai băgat, mi-am văzut de treaba mea, ca, într-o zi, să cadă trăznetul.

Pe Călin l-a ridicat de acasă Poliția. Arestat, băgat pe arestul poliției, nu a mai iești de acolo. Ce se întâmplase?

Călin al meu se băgase într-o bandă de liceeni care spărgeau casele profesorilor din școală, știindu-le cu exactitate programul, când lipsesc de acasă, ce rude au și ce familie. Iar faza a mers o perioadă până când, ca orice actori din infracțiuni, au început să spargă case random, la pont. Nevoile financiare creșteau exponențial, odată cu cheltuielile, iar niște simple case de profesori nu mai asigurau îndeplinirea acestor nevoi.

Ghinionul lor a fost că una din case a fost a unui procuror general, nu mai știu exact de care, pe București, țară sau Dolhasca. Iar în momentul acela a fost ultimul bec pe care au călcat, toată poliția din București s-a pus în mișcare și, în mai puțin de 24 de ore, au fost arestați toți membrii bandei.

ARHI AMETCEA

Mi se strânge inima când îmi amintesc cât de zdrobită a fost mama lui Călin. Îmbătrânise 30 de ani în 24 de ore, brusc devenise albă la păr, ridată, cu o privire goală și placidă, era ca și cum viața se terminase pentru ea. A încercat să mearga la respectivul procuror, să facă o înțelegere ceva. Dar tipul era prea pornit, a dat-o afară din birou, urlând la ea că o bagă și pe ea la pușcărie, pentru dare de mită. Totul se sfârșise pentru Călin.

A fost condamnat la 3 ani de închisoare. Din păcate, a împlinit 18 ani cu o zi înainte de proces și a fost judecat ca un adult. Prietenul său din bloc, care avea 16 sau 17, a primit 1.5 ani. A ieșit după 10 luni, complet schimbat, mut, temător, închis, refuza să vorbească cu oricine din jurul său.

După mult timp, ne-a povestit că amândoi ajunseseră la Rahova, unde au fost primiți cu urale. Călin era înalt, brunet, cu pielea albă. A fost preluat din prima seară de către șeful de cameră, care l-a declarat iubita lui oficială și, ca sărbătorire, i-a supt pula, în timp ce șeful îi ținea un șiș la gât, iar ceilalți din celulă făceau laba în jur. După care, în timp, a fost oferit drept cadou pentru diverse sarcini din pârnaie, îndeplinite de diverși, vândut, la un moment dat, către alt șef, violat în toate chipurile posibile și, într-un final, transformat în unul din cei ce dorea asta și care valorifica sexul pe bani, țigări sau favoruri.

Nu știu ce s-a mai întâmplat cu el. Mama lui m-a căutat o dată, înainte de liberarea lui și m-a rugat să vin și să încerc să îl repun pe picioare, să știe că are în continuare prieteni și e iubit. Am fost la el în ziua în care a ieșit. A refuzat să mă vadă, nu mi-a dat drumul în casă, doar m-a înjurat grosier prin ușă. Nu am mai încercat să îl văd vreodată și nici el pe mine.

POMPIERUL

Ana Electronics era undeva, aproape de Dorobanți, pe partea dreaptă, o chestie uriașă, placată cu sticlă și metal, ca în cărțile sf cu care îmi pierdeam timpul. Focul era cam pe ducă, noi eram echipă de suport, zona aia nu aparținea de noi, așa că am început să ne plimbăm prin zonă, să mai spargem chestii, dărâmăm alte chestii, pentru a nu rămâne focare de incendiu ascunse pe sub moloz și dărâmături.

Mă uitam cu o milă uriașă la televizoarele arse pe ici și colo, prin locurile esențiale, sisteme de sunet care, la vremea respectivă, costau zeci de mii de euro (nu e o exagerare, primul televizor cu plasmă, venit în România când lucram la Flanco, era un Philips și costa 11.500 dolari), mese de televizor mai scumpe decât salariul meu de dinainte de armată.

Un șir de băieți scoateau din depozit cutiile cu televizoare care scăpaseră neatinse și le pasau din mână în mână, pentru a fi scoase în fața magazinului, în siguranță. Ne-am băgat și noi, televizoarele erau grele pe vremea aia, un televizor cu tub catodic de 55" cântărea peste 20 de kilograme, ba chiar și mai mult.

Am stivuit alea afară, ne-am mai învârtit pe acolo puțin, după care am primit ordinul de a pleca spre unitate. Hai să strângem echipamentul și să îl punem în APCA. Deschidem mașina, pe ușile centrale, unde se țin furtunele, târnăcoapele și restul de echipamente esențiale împotriva focului și...să ne cadă fața.

ÎN INTERIOR, PLIN, o stivă întreagă de televizoare. Unul din cârnații de pompieri de ciclu 2, veniți de la Cuca Măcăii, se gândise că ar fi bine să luăm și noi câteva.

- Adunarea la mine, a urlat majorul!
- Cine morții lui a băgat astea aici?

Liniște curată, nimeni nu zicea nimic, până când unul din ei, un tip grăsun, cu fața ciupită puternic de vărsat de vânt, pe nume Sergiu zice:

- Noi le-am băgat, majoru, a cuvântat bolovanul, arătând spre vecinul lui. Sunt puțin arse și oricum nu le știe nimeni numărul. De ce să nu avem și noi, că doar i-am salvat de la foc.

- Ai salvat tu, în gâtu mă-tii de șobolan? Tu mă? Asta îți dă dreptul să furi? Să te caci pe toată munca noastră, pe munca mea de o viață? Pentru că ai salvat?

A fost prima oară când am văzut un cadru militar angajat călcând în picioare un soldat. Nu îi dau numele și nu o să îl spun niciodată, pentru că e un lucru complet real și nu știu cum funcționează legea în acest caz și dacă rândurile mele pot fi considerate o mărturie pentru cineva, chiar și după atât timp. Și da, toți am fost de acord. Și ne-am strâns toți 10 în cerc, în jurul lor, ca să nu se vadă nimic din afară. Am dat rapid televizoarele jos, spunându-le celor de acolo că erau puse acolo pentru a fi în siguranță, deoarece nu păzea nimeni zona, am aruncat idiotul năuc de bătaie înaăuntru și am plecat.

- Aleargă, soldat, în gura mă-tii, aleargă, să te pregătești pentru salvări de bunuri și vieți omenești. Aleargă.

Doamne, cât l-a chinuit pe amărâtul ăla. A alergat ore întregi, cu masca pe figură și cu câte un furtun în fiecare mână. Când cădea jos, îl stropea cu apă, după care relua fuga, cu un furtun de calibru B, de 40 de kilograme, ridicat deasupra capului. Se vedea pe fața lui că e recunoscător când i se ordona să se târască coate genunchi cu arma, în jurul platoului. A plâns, a urlat, s-a pișat pe el, dar a fost chinuit până la ora 10 seara în cel mai exemplar mod.

La 10 s-a dat stingere și s-a târât în pat, așa, murdar, mizerabil, scăldându-se în propriile lichide. Ne-am dat jos din paturi, după stingerea luminii și am trecut toți pe lângă patul lui, lăsându-l cu câte un scuipat gros în plus de la fiecare.

Poate armata nu e cel mai potrivit loc pentru un bărbat. Poate nu toți oamenii sunt potriviți pentru armată. Dar oricine ajunge acolo învață, dacă e om, o lecție. Un bărbat nu are pe această lume decât cuvântul și onoarea sa. Sunt singurele lucruri pe care, dacă ți le pierzi, nu le mai poți înlocui niciodată. Iar atunci când, prin acțiunile tale, pui la îndoială onoarea și buna credință a celor lângă care trăiești și care își riscă viața, zi de zi, alături de tine, meriți să ți se întâmple tot ce poate fi mai rău.

Dacă am fost tentați vreodată să furăm?

Ca pompier, întotdeauna ești pus în fața tentației de a fura. Tu ajungi atunci când celălalt este în cel mai vulnerabil moment al vieții sale. Când toată viața sa i se face scrum în fața ochilor. Oamenii aceia nu mai au nici un fel de logică, conștiință sau simț, habar nu au ce dețin sau ce nu mai dețin, dacă a ars sau nu. Nu mai zic dacă, cumva, în flăcări e prinsă și o persoană dragă, deja totul nu mai contează. Ce simplu ar fi, ca luptător cu focul, să profiți de această degringoladă, să îți umpli buzunarele cu bijuteriile lăsate prin rafturi, pe care le scoți, ca să nu se topească, cu banii ascunși pe sub saltele ce ard mocnit, cu tablourile ale căror vopsea începe să se topească de la căldură.

Dar nu o faci, pentru că tu ești, în primul rând, un luptător. Tu lupți cu ceea ce este o teroare pentru majoritatea oamenilor din această lume. Lupți cu focul. Ca să poți intra în lupta asta, trebuie să ai onoare, trebuie să ai verticalitate, pentru că altfel, riști să nu mai ieși de acolo. Mândria ta de om, de luptător, nu te lasă să faci ceva ce ar ciobi din imaginea celor pe care îi reprezinți și care poate, undeva, în lume, mor, pentru ca alții să fie salvați.

Da, probabil au existat și cazuri izolate precum Sergiu. Dar organismul comun numit pompieri a avut întotdeauna grijă să culeagă neghina și să o expulzeze dintre ei. Uneori fără daune, alteori, ca la accidentul de avion de la Balotești, unde se furase inclusiv un deget de om cu inel pe el, au existat și daune, fizice și de imagine.

Adio, arme

Toată viaţa, începând din copilărie, de când am conştientizat prima oară idee de moarte şi de înaintere în vârstă, mi-a fost teamă de îmbătrânire. Nu mi-e frică de moarte per se, mi-e frică de actul în sine, de chinul prin care treci de teroarea pe care o realizezi când conştientizezi că acela este momentul din care nu mai există punct de întoarcere şi că imaginile pe care, poate, le vezi în faţa ochilor, sunt ultimele imagini pe care le vei vedea vreodată.

Din cauza asta, a fricii de bătrâneţe, am impresia, de când mă ştiu, că timpul trece foarte repede, pentru mine. Săptămânile fug instant, lunile sunt de parcă nu ar fi, iar anii, anii se duc ca tinereţea, vorba cântecului. Ieri eram tânăr, frumos, vânjos şi cu succes la doamne, domnişoare şi copile aproape de majorat, iar acum, am 40+, încep să mă bucur când, dacă mă trezesc dimineaţa, nu mă doare nimic, apreciez o erecţie matinală mai mult decât 1000 de euro, nu mai fluier după gagici pe stradă, ci le privesc depreciativ, "Of, săracele nu îşi dau seama cum îşi distrug coloana şi ce varice o să îşi facă din cauza tocurilor înalte" şi am distincta impresie că femeilor care fac prea mult sex li se bătătoreşte vaginul şi vor avea de suferit mai târziu.

Nu am crezut că asta se va întâmpla și cu armata. Când am intrat, roșu și speriat mort, prima dată pe poarta unității, credeam că acolo voi muri și că niciodată nu voi scăpa. De fapt, oamenii se învață extrem de repede și cu răul, nu doar cu binele, important este să le fie servit în cantități rezonabile și în mod constant, ca să nu se răzvrătească.

Așa a trecut și anul acela, rapid ca o bătaie de aripi de fluture. An care am crezut că va fi de iad. Nu a fost, a rămas, în amintire, ca momentul în care am aflat ce om sunt, cât de bine reacționez la frică și stres, dacă apreciez camaraderia și dacă aș fi capabil să mor pentru ceva, cineva sau doar o idee. În paranteză fie spus, la 20 de ani ai cam alte idei în cap, la 40, cu siguranță nu aș muri decât pentru familia mea, oricând și în orice moment. Nu și pentru entități statale ce se bazează exclusiv pe mizerii politice, finanțe deșănțat furate și bișniță de mic nivel patriotard. Patriotismul e doar un cuvânt, 20 de ani de PSD te învață multe.

Ca la fiecare ciclu de instrucție, cam cu o lună înainte, au început să apară tot felul de zvonuri legate de ZFR. ZFR înseamnă Zile Fără Rost, zile pe care soldații în termen le petreceau aiurea în unitate, din cauza unor evenimente ce nu îi priveau sau care chiar poate nu existau.

POMPIERUL

Iar noi aveam un exemplu foarte bun în ZFR-ul celor din ciclul anterior, care chiar stătuseră două săptămâni ZFR din cauza asasinării lui Marius Palcu de către poliția română, chiar înainte de liberarea lor. Așa că nu luam deloc în râs ideea respectivă și absolut toată lumea din cazarmă era fiartă de nervi. Desigur, nu aveam vreo altă motivație, dar nervi erau pe toate drumurile, toată lumea se certa cu toată lumea, existaseră chiar niște clinciuri la dușuri, reprimate rapid și justificate la raportul de dimineață prin căderi succesive pe linoleul din baie.

Vestea ajunsese, nu știu cum, și la Geani, care, la prima vizită, a venit cu o falcă în cer și una în pământ:

- Turcule, dacă ăstia te mai țin aici și o zi în plus, eu vin și le dau foc tuturor și zic că am avut un acces de nebunie, las-o-n morții ei de armată.

Înțelegeam, cumva, accesul ei de nervi, deși, dacă stăteai și te gândeai, nouă chiar ni se rupea de asta. Veteran furier, deja instalasem un gogoșar în locul meu, gogoșar care ar fi întors lumea și pământul ca să îmi mulțumească pentru funcția care îl scăpa de tot chinul armatei române.

Pentru că, în mod normal, în armată, funcțiile respective se dădeau soldaților doar pe trei criterii. Trebuia să fii pila cuiva, așa cum reușeau cei mai mulți, trebuia să dai șpagă, așa cum reușeau ceilalți, sau trebuia să fii cel mai bun la ceva, vizibil, complet și fără tăgadă. Eu ajunsesem furier pentru că scriam extrem de frumos de mână și știam să scriu la mașina de scris, datorită faptului că, în liceu, înființasem cercul de calculatoare. Și am avut norocul să scriu o cerere de față cu comandantul, care a văzut ce scris rotund și frumos am, și a întrebat:

- Ametcea, vrei să înveți să scrii la mașina de scris?

- Dom comandant, permiteți să raportez, știu să scriu, deja, foarte bine chiar.

- Caporal Lucaciu, ăsta e noul furier, ai grijă de el.

Nu prea i-a convenit lui Lucaciu, vechiul furier, chestia asta. Omul avea deja pregătită o șpagă consistentă din partea lui Vlad cel mic și lucrurile erau pregătite demult în direcția asta. Dar, spre cinstea lui, nu m-a șicanat niciodată, nu mi-a făcut vreo evaluare proastă sau orice altceva ar fi putut să facă să îmi facă viața amară și să mă facă să renunț. Și putea să îmi facă multe.

Eu am vrut să rup lanțul acesta. Când a venit noul ciclu de gogoșari, i-am urmărit cu atenție, am văzut care din ei are aplecare mai mult spre chestii literare, care citește în timpul liber, care vorbește cât de cât mai răsărit și m-am decis asupra lui. Practic, când au început să apară presiunile pentru departajarea pe funcții, eu deja știam cine va fi, iar tipul, Cătălin, era mai surprins decât virgina în noaptea violului marital, nu înțelegea deloc ce se întâmplă.

- Dom caporal, sunteți sigur că de mine e vorba? Că o să fie greu de tot, după ce mă învăț cu idee, să mă mai întorc la spart asfalt cu ceilalți colegi.

- Da, bossulică, tu ești noul furier al unității.

- Dom caporal, dacă nu am fi amândoi hetero și dacă Geanina aia a dumneavoastră nu ar fi așa bună, v-aș suge și pula, să știți.

Nu a trebuit să îmi sugă pula. Dar am avut grijă să știe că, întotdeauna, când am nevoie de bilet de voie sau de o scuză bună pentru ieșit din unitate, va trebui să mi le furnizeze fără crâcnire.

POMPIERUL

Așa că Geani era nervoasă cam degeaba, pentru că, de văzut, ne vedeam mai des decât când eram civil și eram destul de ocupați și nu chiar atât de terminați unul după prezența celuilalt. Bănuiesc că o enerva la maxim lipsa libertății psihice, faptul că eram la ordinul cuiva în orice moment, că încă mergeam la incendii și, teoretic, îmi puneam viața în pericol.

Teoretic, da. De fapt, puneam pe dracu. În ultimele săptămâni de armată se instalează febra veteranului. Când omul clachează psihic și încearcă să suplinească asta prin injectarea de endorfine și dopamine. Neavând așa ceva injectabil, toți căutam pericolul și emoția, ca să ne liniștească puțin.

Și cadrele știau de asta și erau foarte mulțumite. Programările zilnice pe mașinile de intervenție nu mai contau pentru nimeni, pentru că se știa că merg veteranii oricum. DIn păcate pentru noi, vara nu prea sunt multe incendii, dacă era maxim un incendiu pe zi, era bine. Se declanșau aproape bătăi în garaj, la echipare. Bătăi de care mie nu îmi păsa, pentru că, la incendiu, e obligatoriu să meargă furierul telefonist. Și cum deja în centrala și la biroul comandantului erau numai gogoșari în pregătire, eram singurul care avea locul din mașină asigurat, frumos, lângă șofer, elegant, cât de cât.

Câteodată îmi pare rău de momentele acelea. Pentru că ne revărsam furia pe ce prindeam în incendiu, distrugeam inutil pereți sau mobile, geamuri și uși, lovind cu târnăcoapele tot ce prindeam. Bine, nu era chiar inutil, la unele case chiar trebuie să faci asta, pereții de paiantă sau rigipas ascund tot felul de surprize în interior și chiar nu vrei să declari incendiul stins, iar el să reapară, după ce pleci.

Problema devenea gravă pentru cei din provincie, care nu aveau cu cine să facă sex. Noi, cei din București, ne mai descurcam. Săraca Geani, a făcut atâta sex fără să vrea, neapărat, la ultimul etaj al blocului ei, de ajunsese să urască locul acela. Dar venea, supusă și cuminte, cu o fustiță mică, verde, fără chiloți trași, se apleca peste balustradă și aștepta să termin. Nu dura mult, desigur, până când i se scurgeau micuții cetinei pe picioare și dezvoltase un fel de fetiș, voia să intre în casă fără să se șteargă, lăsându-i să se usuce pe locul căderii.

Vlădescu, cel de 27, acum 28 de ani, o aducea pe nevastă-sa în unitate, punea niște pături în jurul paturilor metalice suprapuse și îi dădea bătaie, cu tot cu sonor:

- Hai, fata tatii, pune gura, nu te juca, că băiatul tău mai are puțin și vine acasă.

- Iar nu ești spălat, se auzea un mieunat subțire.

- M-am spălat ieri, taci din gură.

Tăcea, că se auzeau doar niște pleoscăituri și sunetele taurelui. După aia, probabil o lua în toate pozițiile care îi treceau lui prin cap, pentru că gemetele pe care le scotea fetița aia mică și slăbuță nu erau chiar de plăcere. Dar aia era, dacă ei erau fericiți, cine eram noi să ne băgăm?

Ultima zi nu a venit ca vreo mare ușurare.

Ne-am trezit toți în curte, pe platou, uitându-ne unii la alții, neștiind ce să spunem și ce să credem. Mă uitam la ei, erau oamenii care îmi marcaseră viața complet și profund, oameni pe care, fără să știu atunci, mi-i voi aminti și peste 20 de ani, oameni lângă care văzusem moartea cu ochii și nu știam ce să le zic. Nu știam ce să ne zicem, eram tăcuți toți, intimidați și cu priviri în gol. Singurul moment interesant a fost când a apărut Tesloveanu și l-am scuipat toți. Ceilalți caporali de la școala de gradați au înțeles lecție și au plecat pe la ieșirea ofițerilor, fără să ne mai salute.

La un moment dat, au intrat pe poartă părinții lui Silviu, tipul înalt și negricios, îndreptându-se încet spre el, vizibil emoționați și fericiți. Silviu s-a ridicat, a fugit spre ei, i-a luat pe amândoi, fizic, în brațe, fiind ditamai animalul, i-a sărutat, după care s-a întors spre noi și ne-a zis.

- Bă băieți, eu am plecat. Pot să vă spun acum că v-am urât cu patimă pe fiecare în parte și sper să nu vă mai văd niciodată, pe niciunul.

Și a plecat.

Ne-am uitat unul la celălalt, am râs și acela a fost semnalul de plecare. Ne-am strâns în brațe toți, ne-am făcut promisiuni, complet nerespectate, de a ne vedea, peste un an, în același loc, la aceeași oră și am plecat, fiecare în direcția lui.

Dintr-o dată, viața de civil mă lovea cu realitatea ei. Reveneam la statutul dinainte, un tânăr fără bani într-o lume plină de ei. De bani. Am luat-o pe jos spre tramvai, târându-mi rahatul de valiză de lemn. La primul tomberon de gunoi, mi-am scos ce aveam mai important în ea și am aruncat valiza, cu tot cu haine, lenjerii și ce mai aveam pe acolo.

Am luat tramvaiul, am compostat biletul pe care îl aveam rămas încă de cu un an înainte și am plecat. Priveam pe geam, complet melancolic, la orașul care mi se părea schimbat total,deși îl văzusem zilnic, în ultimele luni. Dar ochii de civil văd altele, spre deosebire de ochii soldatului.

Acasă, când am ajuns, fratele meu a realizat că trebuie să împartă camera cu mine și a făcut o criză de isterie. Cred că atunci a început, de fapt, distanțarea sa de mine, distanțare care a dus la ruptura dintre noi, de azi.

- Dă-ți ciorapii jos, că murdărești camera, jegosule.

- Victor, sunt ciorapi noi, azi dimineață i-am pus, în adidași noi, sunt mai curate decât ce ai tu în picioare.

- Ești mizerabil, nu te trânti în patul meu îmbrăcat așa.

Nu mai vreau să îmi amintesc ce s-a întâmplat. Am adormit îmbrăcat și am dormit până a doua zi, dimineață, când m-a trezit deșteptătorul pus să sune în camera cealaltă. Am sărit buimac din pat, m-am lovit de ușa deschisă a camerei, căutând, la capătul patului, hainele pregătite pentru alarmă. Câteva luni după întoarcerea acasă, de fiecare dată când auzeam un sunet de clopoțel ca alarma unui ceas, săream din somn ca ars, căutând să fug la un incendiu ce nu se mai producea.

A doua zi a venit și Geani la noi, primită, destul de acru, de mama. Eram singuri acasă, frații mei erau la școală, doar mama singură în sufragerie.

- Intră. E în dormitor, e destul de obosit, poate trebuia să vii mîine, nu chiar acum.

Nu a băgat-o în seamă, a intrat și m-a luat în brațe, ținându-mă strâns mult, mult, nu știu exact cât de mult.

- Te-ai întors, iubitul meu, te-ai întors. Mi-ai lipsit ca lumina și ca apa, iubitul meu.

POMPIERUL

Mă uitam ușor tâmp la ea. Eram acasă. Acasă parcă nu mai era același lucru, parcă nu mai avea același farmec, parcă nu mai era așa de frumoasă. Era ca și cum priveam totul prin altă oglindă, ce deforma realitatea și mi-o făcea urâtă și plictisitoare. Atât de plictisitoare încât, deși Geani era în genunchi, făcându-mi un oral de bun venit, eu mă uitam la ea și nu înțelegeam ce dracu fac acolo, de ce o las să facă asta?

Au trecut câteva zile, săptămâni.

Revenisem în cartier, debusolat, privind în jur oameni care nu mă mai cunoșteau sau se prefăceau că nu mă mai cunosc. Prietenii mei de pe stadion aveau altă gașcă, am fost într-o seară și a fost ceva de genul

- A, uite, s-a întors ..ăăăă....ăla....ăăăăă Cetin, din armată. Salut.

După care s-au întors și și-au văzut de treabă.

Mi-am văzut și eu de treabă.

Zilele alături de Geani deveneau din ce în ce mai triste. Mă plictiseam, era vizibil, pentru mine, că de fapt, nu o iubesc și că îi pierd vremea. Ea făcea planuri despre cum să ne mutăm împreună, despre cum ar trebui să facem un copil și să uităm trauma copilului avortat, eu făceam planuri despre cum să îi spun că aș vrea să o terminăm.

- Bună, eu sunt Mădălina.

M-am întâlnit cu Mădălina în holul de la Mall Vitan. Mădălina era spectaculoasă, cel puțin. Înaltă, cu niște ochi înfiorător de verzi, sâni uriași, îmbrăcată într-o rochie mulată, strânsă pe fundul cambrat, am rămas fără răsuflare când ne-am întâlnit. Venea să îmi dea o carte, din partea unei prietene comune și să vorbim 5 minute.

ARHI AMETCEA

Am plecat, după 4 ore, direct la ea acasă. De fapt, acasă e mult spus, pentru că locuia în căminul Moxa, de pe Victoriei. Iar în cămin am rămas o săptămână, fără ca nimeni să știe de mine, nici măcar părinții.

Când m-am întors, toată lumea era în negru, mă căutau cu poliția, la persoane dispărute, Geani ajunsese la spital, cu o criză de inimă, Floarea Cioacă dădu-se anunța la ziar, cu poza mea, mama, zicea ea, plângea încontinuu, o tragedie antică.

Am luat-o pe Geani și am mers amândoi în apartamentul gol al doamnei Ioniță, de la etajul unu. Madam Ioniță era o băbuță extraordinar de simpatică și mă îndrăgea foarte mult. Fiind plecată mai tot anul la țară și neavând copii, îmi lăsa mie cheia de la casă, cât era plecată, ca să o folosesc. Deși mie îmi era cam frică să dorm acolo, pentru că fusesem martor la un fenomen de potergeist extrem de ciudat. Stăteam la masă în living și, deodată, s-a deschis ușa de la șifonier și din șifonier au început să sară, da, să sară, farfuriile dintr-o stivă aflată acolo. Una câte una, săreau din teanc, pluteau jumătate de metru și se zdrobeau de parchet. Absolut toate au urmat același drum. Și am rămas cu o ușoară teroare, din cauza asta.

Ba chiar cu frică de moarte, pentru că, mult timp după aceea, eram cu Mădălina acolo, într-o seară și pusesem un cazan de apă pe aragaz, la încălzit, ca să facem baie. Desigur, nu era apă caldă în bloc, iar mie îmi plăcea să facem baie, pentru că Mădălina avea o chestie foarte haioasă. Absorbea apa în vagin, după care o expulza afară ca o țâșnitoare, iar pe mine, cretinuț de 20+ de ani, mă distra la maxim.

POMPIERUL

Şi cum stăteam noi şi aşteptam să se încălzească apa, deodată observăm amândoi că ne pufneşte râsul prea mult şi prea des. Şi râdeam la modul isteric, încontinuu, fără să ne putem opri. Doar Mădălina s-a oprit brusc, prin leşin. Mie îmi bătea inima în piept să îmi spargă pieptul şi râdeam, râdeam isteric încontinuu, cu femeia probabil moartă în pat.

Cu o ultimă străfulgerare, mi-am dat seama că ne intoxicăm cu gaz şi am fugit, lovindu-mă de pereţi, să închid aragazul. Care ardea, dar, am aflat după aceea, scăpa gaz prin conductele ruginite din el.

În continuare râzând, dar speriat mort, ameţiti, cu pieptul săltând de loviturile puternice ale inimii, m-am dus spre pat, am şters-o pe Mădălina între picioare, de spermă, i-am tras chiloţii pe ea, gândindu-mă, în mintea mea că, dacă a murit, să nu o găsească salvarea în pizda goală, am deschis geamurile (deşi e posibil ca ordinea să fi fost *Am deschis geamurile, întâi* şi m-am prăbuşit într-un fotoliu.

Probabil, după câteva minute, când s-a mai aerisit în casă, ea a deschis ochii, s-a foit puţin şi prima întrebare care i-a venit în minte a fost

- De ce mi-ai tras chiloţii pe mine şi de ce sunt greşit traşi?

Fiind chiloţii tanga şi eu ameţit, îi băgasem cu un crac pe şolduri şi restul între picioare. Normal, salvarea nu ar fi găsit-o în pizda goală, pentru că avea în ea o margine de chilot, dureros înfiptă înăuntru.

Geani era îmbrăcată într-o rochiţă albă până deasupra genunchiului, cu nişte flocicele albastre. Sărbătorea întoarcerea mea acasă, după lacrimi de nu ştiam de unde poate ieşi atâta lichid dintr-o femeie.

- Geani, trebuie să discutăm.

- Să discutăm, ia zi.

- Nu știu dacă ai remarcat, dar lucrurile nu merg foarte bine între noi. Sunt plictisit, nu mai pot, pur și simplu, de asta am și plecat de acasă. Nu îmi este bine, nouă nu ne este bine. Și trebuie să facem ceva în direcția asta.

- Cetin, minți. Uiți că te cunosc mai bine decât oricine altcineva.

- Nu mint, este...

- Minți. Spune-mi, există altcineva?

Am stat și m-am uitat la ea, analizând ce răspuns aș putea să îi dau. În mod normal, mi-ar fi fost simplu, dar ea era FUCKING GEANI, femeia mea, îmi era greu să îi fac ceva rău.

- Da, Geani, există altă femeie. O cheamă Mădălina și cu ea am fost în ultima săptămână, am decis eu să îi spun, dintr-o suflare totul.

A fost prima oară când am văzut un om, o femeie, leșinând. S-a ridicat în picioare, și-a dus mâna la piept și a căzut, dreaptă, în față. Țeapănă, complet, de parcă avusese o criză de catalepsie.

M-am speriat de m-am căcat pe mine. Am încercat să o iau în brațe să o ridic pe pat, mi-a fost, fizic, imposibil, deși nu cred că avea mai mult de 50 de kilograme. I-am căutat, înfrigurat, pulsul, cum văzusem în filme, la gât, nu simțeam nimic, ea era țeapănă în continuare, nu respira, nu i se mișca pieptul, nu nimic. Am început să îi fac respirație gură la gură, în timp ce o apăsam pe piept, ritmic pâncă când, la un moment dat, am simțit o ușoară mișcare.

- Nu te mai chinui, Cetin, nu am nimic, doar vreau să mor.

- Hai, Geani, am glumit, nu există nimeni, nu trebuie să iei în serios.

POMPIERUL

- Du-mă acasă, te rog.

Am plecat amândoi, de mână, până la ea în fața blocului. Ne-am oprit, m-a privit în ochi, după care mi-a tras capul în jos, spre ea și m-a sărutat, mușcându-mă până mi-a dat sângele.

- Te iubesc, Cetin. Nu o să mai fim niciodată împreună. O să regretăm amândoi toată viața, o să ne gândim amândoi toată viața la asta, la momentul ăsta. Dar timpul nu o să se mai întoarcă. Mergi și fii fericit cu Mădălina ta.

Nu am mai văzut-o pe Geani timp de peste un an. Între timp, mă mutasem cu Mădălina într-o garsonieră, pe la piața Bobocica și eram foarte fericiți. Încă.

Într-o zi, stăteam sus, la Mihai Bravu și beam o cafea, când, la un moment dat, mă bate pe umăr cineva.

- Geani, ce faci, frumușica mea?

- Bine, am fost să plătesc curentul și am făcut diverse alte activități spectaculoase, precum să iau pâine și spanac. Hai, urci până la mine?

- Păi ești singură?

- Da, Floarea Cioacă e la moldova.

Am urcat până la ea, destul de nesigur.

- Cetin, știi că am zis că vreau un copil de la tine?

- Da, știu, dar...

- Vreau să facem acum sex. Sex, nu dragoste, vreau un copil cu tine.

Nu știam ce să fac, eram debusolat, practic, îmi cerea să îmi înșel prietena cu care locuiam. Dar ea era, în continuare, Geani, FUCKING FEMEIA MEA, cea lângă care fusesem atâta timp.

ARHI AMETCEA

Până să mă dezmeticesc, eram amândoi în pat, eu cu pantalonii lăsați la glezne, ea, doar cu un tricou, deja în genunchi, masându-mi pula cu buzele. Am întins mână să o ating între picioare și, doamne, era atât de excitată încât îi curgea lichidul pe mâinile mele. Nu a durat mult, era foarte, foarte strâmtă și da, mă cunoștea ca nimeni altul.

- Acum pleacă, mi-a zis ea, ghemuită în pat, cu genunchii la gură.

- Hai să...

- Pleacă, acum! Nu vreau nimic altceva de la tine.

Am plecat, năuc, pe străzi. Nu știu când am ajuns acasă. Nu știu ce am făcut în ziua aceea sau în zilele următoare. Aș fi vrut să o caut, dar nu am avut curaj, pentru nimeni.

Nu știu dacă a avut vreodată copil. Mult după aceea, întâmplător, am văzut o fotografie cu ea și un băiat înalt, lângă ea. Vârsta copilului s-ar fi potrivit. Dar nu am întrebat și nu am căutat. Era căsătorită, părea fericită și avea din nou luminițe în ochi.

Lucrurile acestea sunt, într-un anume fel, o spovedanie pentru mine. Nu le-am mai povestit nimănui, niciodată și, în afară de carte, nici nu cred că le voi mai povesti cuiva vreodată. Am îmbătrânit și genul acesta de amintiri necesită un consum nervos foarte mare, pe care nu mai am de unde să îl ofer.

Poftește, omule bun, aceasta este viața mea și momentele care m-au definit pe mine, ca om și bărbat.

Mai departe, poate altă dată.

POMPIERUL

Cetin Ametcea
Bucureşti, 22 Octombrie 2017

www.ingramcontent.com/pod-product-compliance
Lightning Source LLC
Chambersburg PA
CBHW071326150726
47997CB00002B/616